Rose Ausländer hat in der Geschichte der deutschsprachigen Lyrik einen festen Platz. Im Gegensatz zu ihren Gedichten wurde ihre Prosa jedoch nur am Rande zur Kenntnis genommen. Grund dafür ist vor allem, daß Rose Ausländers nicht-lyrische Arbeiten – wenn sie überhaupt veröffentlicht wurden – verstreut und an entlegenen Stellen erschienen sind. Wenn nun im vorliegenden Band alle erzählenden und autobiographischen Prosastücke Rose Ausländers sowie ihre Essays, Feuilletons, Reden und Interviews nicht nur erstmals versammelt, sondern zum Teil auch zum ersten Mal publiziert werden, so ist dies wirklich höchste Zeit gewesen.

Die zwischen 1929 und 1984 verfaßten Texte enthalten Hinweise auf die geographische und geistige Herkunft, die Entwicklung sowie auf die Schreibmotivation und Poetologie Rose Ausländers. Sie geben damit unverzichtbare Hilfestellungen bei dem Bemühen, das lyrische Werk der Dichterin einzuordnen und zu verstehen.

Rose Ausländer, geboren 1901 in Czernowitz/Bukowina, starb 1988 in Düsseldorf. Sie studierte Literaturwissenschaft und Philosophie. Als Jüdin von den Nationalsozialisten verfolgt, überlebte sie in Czernowitz. 1946 wanderte sie in die USA aus, kehrte 1964 nach Europa zurück und zog 1965 nach Düsseldorf. Seit 1972 lebte sie dort im Elternhaus der Jüdischen Gemeinde. Sie veröffentlichte mehr als dreißig Gedichtbände und erhielt zahlreiche literarische Auszeichnungen, u. a. 1977 den Andreas-Gryphius-Preis, 1980 die Roswitha-Gedenkmedaille der Stadt Gandersheim und 1984 den Literaturpreis der Bayerischen Akademie der Schönen Künste.

Im Fischer Taschenbuch Verlag erscheinen in regelmäßigen Abständen die *Werke* Rose Ausländers. Bisher sind erschienen: *Wir ziehen mit den dunklen Flüssen* (Bd. 11151), *Denn wo ist Heimat?* (Bd. 11152), *Die Musik ist zerbrochen* (Bd. 11154), *Wir pflanzen Zedern* (Bd. 11155), *Wir wohnen in Babylon* (Bd. 11156), *Gelassen atmet der Tag* (Bd. 11157), *Sanduhrschritt* (Bd. 11158), *Treffpunkt der Winde* (Bd. 11159), *Hinter allen Worten* (Bd. 11160), *Die Sonne fällt* (Bd. 11161), *Und nenne dich Glück* (Bd. 11162), *Brief aus Rosen* (Bd. 11163), *Schweigen auf deine Lippen* (Bd. 11164); außerdem *Ich spiele noch* (Bd. 10421), *Im Atemhaus wohnen* (Bd. 2819), *Der Traum hat offene Augen* (Bd. 9172), *Immer zurück zum Pruth* (Bd. 9262) sowie *Rose Ausländer. Materialien zu Leben und Werk* (Bd. 6498).

Rose Ausländer
Die Nacht
hat zahllose Augen
Prosa

Fischer
Taschenbuch
Verlag

Rose Ausländer – Werke
Herausgegeben von Helmut Braun

Veröffentlicht im Fischer Taschenbuch Verlag GmbH,
Frankfurt am Main, Juli 1995

Für diese Ausgabe:
© 1995 Fischer Taschenbuch Verlag GmbH, Frankfurt am Main
Lizenzausgabe mit freundlicher Genehmigung des
S. Fischer Verlags GmbH, Frankfurt am Main
Alle Rechte vorbehalten
S. Fischer Verlag GmbH, Frankfurt am Main
Druck und Bindung: Clausen & Bosse, Leck
Printed in Germany
ISBN 3-596-11165-X

Gedruckt auf chlor- und säurefreiem Papier

Kurzprosa

Insomnia I

Die Nacht hat zahllose Augen auf mich gerichtet. Sagte ich Augen? Pfeile. Sie sausen auf mich zu, stecken in meiner Haut. Wer möchte da in meiner Haut stecken? Vergebens bemühe ich mich die ganze Nacht, sie herauszuziehen und über den Haufen zu werfen. Am Morgen liege ich auf einem Haufen Gedankensplitter und wundere mich, daß ich mit heiler Haut davongekommen bin.

Happening

Warst du auch dabei, als man das schöne Haus abbrach? Ziegel für Ziegel? Wäre es baufällig gewesen, hätte sich keiner beteiligt. Aber an dieser seltenen Aktion wollte jedermann teilhaben. Es sollte ein vollkommenes Werk der Zerstörung werden, ein überdimensionales Happening. Alle, die zufällig vorübergingen, wurden mitgerissen. Fort mit den Türen, mit Fenstern und Möbeln! Jagt die Menschen aus den Betten! In den Kehricht mit Teppichen, Bildern, Statuetten! Man sang Freiheitslieder. Alle Wangen glühten vor Schadenfreude.

Ohne

O die sorglosen Ungeborenen im Nichtsein, ohne Ruhe-
störung, ohne Unruhestörung, ohne gute und böse Absichten, ohne Ahnen und Erben, ahnungslos, daß sie zeit-
los sind. Sie wissen nicht, was sie nicht tun, wie selig sie
sind, daß sie nicht wissen.

Unmeßbar

Es läßt sich leicht feststellen, daß dies Zimmer $3 \times 3 \times 3$ Meter groß ist. Aber wer kann ermessen, wie dehnbar es ist nach allen Seiten in einer konkreten Minute, die sich maßlos fortsetzt bis ins Herz der Vergangenheit und der Zukunft?

Alptraum

Ich bin eine Biene, muß täglich Blumen berauben, Honig machen, unserer Königin dienen. Harte Arbeit, damit unser Schloß vollkommen bleibe. Sie macht mir Freude. Letzte Nacht hatte ich einen Alptraum: mir träumte, ich sei ein Mensch!

Zeit I

»Die gute alte Zeit!« Die Zeit ist weder gut noch alt, noch jung, noch böse. Die Zeit *ist* nicht. *Wir* sind die Zeit, gut, böse, jung, alt. Unser Ungemach und Unrecht schieben wir der Zeit in die Schuhe, die sie nicht hat, weil sie keine Füße hat, weil sie nicht existiert. Sie ist unser Sündenbock, die arme, zeitlose Zeit.

Schnee II

Gebt mir eine Schaufel, der Schnee wächst mir über den Kopf! Das Jahr wendet sich hinter Gletschern unter der abgeschraubten Sonne über dem Jungfernjoch ein Schnitt in der Nebelwand, weißer als Schnee. Ich esse ihn, trinke ihn, heiß in der Eishütte hausen die Schneemänner rauchend. Gebt mir die eingeschneite Schaufel!

Märchen

Ich habe die Märchen vergessen. Sie vergessen mich nicht.
Wir lernen uns näher kennen nach Mitternacht in den Bil-
derbüchern hinter den Bergen. Da deuten uns Sterne. Das
Zündholzmädchen kocht mir Tee im gesprungenen Glas.
Ich fülle ihre Schachtel mit Gedanken-Splittern.

Diebstahl

Ich bin ein Dieb. Ein Tagedieb. Verstohlen werfe ich die Tage in meine Vorratskammer. Eine Scheune, die ich von einem unbekannten Verwandten erbte. In dunklen Winkeln liegen die gestohlenen Tage unbeachtet, denn meine Scheune liegt abseits, kein Tourist verirrt sich in diesen Winkel. Ungeordnet liegen sie neben- und übereinander, ich habe Mühe, sie zu unterscheiden. Oft verbringe ich mehrere Tage damit, unter den vielen unbestimmten Tagen einen bestimmten Tag zu finden. Wenn es mir glückt, erzählt er mir seine Geschichte, richtiger: seine geplante, durch mich verhinderte Geschichte. Kleine und große Absichten kommen zutage, wenn ich zu den verschütteten Tagen komme.

Insomnia II

Ich gehe im Bett spazieren, besteige eine Wand nach der andern. Vier Wände, das ist zuwenig, um eine Nacht totzuschlagen. Auch auf der Zimmerdecke ergehe ich mich und lasse den Kopf hängen. Dann kommen die Möbel an die Reihe. Der Schrank mit den verschiedenen Fächern ist abwechslungsreicher als der eintönige Tisch und die leeren Stühle. Auf dem Lüster lasse ich mich eine Stunde lang nieder. Die Nacht wird hell auf meiner Haut. Aber auf die Dauer ist ihre mechanische Wärme langweilig. Im Spiegel bin ich ein Neger, der mich traurig anblickt. Die Koffer sind verschlossen, ich kann die Schlüssel nicht finden. Mir bleibt nur noch das Radio, in das ich mich verkrieche. Stimmen sprechen mich an. Die ruhigste meldet eine Katastrophe nach der andern. Ich bin mit der Welt in Verbindung.

Raum I

Ich betrat einen Raum, der leer war. Raumlos. Ich fiel, nicht auf den Boden, sondern aufwärts, in schwarze Luft. Ich fiel sehr langsam, nichts berührte mich. Ich hatte Angst, das Nichts würde nie aufhören. Ich hatte Angst, *ich* würde aufhören, mich in schwarzes Nichts auflösen. Plötzlich flog ein Strahl auf mich zu und fing mich auf. Er tat weh wie ein Messerstich, aber ich atmete erleichtert auf. Diese schmerzende Berührung – ich empfand sie als Befreiung. Nun hörte ich auch Stimmen, die ich nicht genau unterscheiden konnte: Windstimmen, Vögellaute, eine Grille. Ich flog auf dem Strahl durch einen dunklen, sich allmählich erhellenden Raum. Als sehr deutlich eine Menschenstimme sagte: »Es ist acht«, schob ich den Strahl nach rechts, fiel nach links und erwachte.

Hier und dort

Wäre ich nur ich, wie einfach wäre alles. Aber ich bin auch jedes mögliche Du und Er und Sie. Ich habe mich nicht in der Hand. Die Hand reicht mich weiter, wem weiß ich nicht immer. Das Wo ist ebenso ungewiß. Es sagt zwar: hier bin ich, aber wer weiß, was *hier* ist. Auch das Dort kann hier sein. Hier und dort gibt es Augen. Lichtaugen, Nachtaugen. Auch dort ist Sauerstoff in der Luft. Ich atme hier und dort mein fremdes Daheim.

Stilleben II

Auf dem Tisch eine Schüssel mit prallen Früchten. Lebendiges Stilleben. Stilles Leben, das unmerklich abstirbt. Wir essen das lebendige Sterben, um am Leben zu bleiben. Das Leben bleibt nicht bei uns. Es stirbt in ein anderes Leben, das sich in ein anderes Sterben einlebt. Wir essen das sterbliche Leben, das uns verzehrt.

Fortschritt I

Ich wohne im ersten Stockwerk im ersten Haus in der ersten Straße des Ortes. Der Ort ist eine Insel. Sie hat nur eine Straße. Die Straße hat nur ein Haus. Das Haus hat nur ein Stockwerk. Ich bin der einzige Einwohner. Ich lebe von Früchten und Fischen. Von Salzluft, Sonne und Regen. Von Gedanken und Träumen. Meine Freunde sind in alle Welt verstreut. Wir korrespondieren mittels Flaschenpost. Ich kenne nicht den Namen meiner Insel. Von Zeit zu Zeit schwimmt eine Flasche ans Ufer der Insel. So erfahre ich, was in der Welt vorgeht, die ungeheuren Fortschritte auf allen Gebieten. Kriege und Morde mehren sich. Jeder ist stolz auf seinen Krieg, auf seinen Sieg, ja sogar auf seine Niederlage.

Tat-Sache

Seit einiger Zeit habe ich ein sonderbares Talent: ich kann mit dem Kopf durch die Wand gehen. Es ist kein Kunststück. Nur ein gewisser körperlicher (oder seelischer?) Zustand, der sich manchmal einstellt, je nachdem wie ich eingestellt bin. Ich kann nichts Näheres darüber aussagen. Wenn es soweit ist, spüre ich, daß ich es tun kann, ja, daß ich's tun muß. Es gibt mir ein Gefühl der Kraft und Freiheit. Ich zerbreche mir nicht den Kopf darüber, warum und wozu ich durch die Wand gehen soll. Ich gehe einfach, hin und zurück. Die Tat-Sache genügt mir.

Stimmen I

Masken, die wechseln, je nach der Witterung: Schneemasken, Sonnen-, Regen-, Windmasken. Ich halte mich an den Wind, der mich mitnimmt ins Vorüber. Man besucht mich, wenn ich verreist bin. Man schreibt mir an die Adresse meines verbrannten Hauses. Der Briefträger sagt: Post für Sie ist unterwegs, aber Ihr Land existiert nicht mehr. Man bemüht sich, ein anderes Land ausfindig zu machen, wo Sie vielleicht wohnen könnten. Ich bedanke mich herzlich für die gute Botschaft und reise der Post nach. Unterwegs begegnen mir viele Stimmen, leise und laute. Ich frage jede nach meiner Anschrift.

Krokodiltränen

Ich salze meine Suppe mit Krokodiltränen. Das Krokodil, ein Geburtstagsgeschenk, liegt in der Küche und weint, weil ich nicht koche, was es gern frißt: Menschen. Ich füttere es mit Literatur. Es verschlingt alles, was ich ihm vorlese, bis auf Gedichte. Lyrik findet es unverdaulich.

Mein Sohn

Ich feiere das Wiegenfest meines Sohnes. Er ist zwar noch nicht geboren, aber seine Wiege steht schon fest: eine Schaukel im Buchenbaum. Der Baum ist rot. Mein Sohn wird grün sein, aus Gras. Schon jetzt wächst ihm das Gras über den Kopf. Das macht nichts. Bis zu seiner Geburt werde ich es schneiden lassen und mich am süßen Heuduft laben. Ich schlafe auch gern im Heu, wenn Blitze es beleuchten. Meine Blitzliebe werde ich meinem Sohn vermachen. Gedankenblitze. Er wird ein großer Künstler sein. Ein Schweigekünstler. Es ist die höchste Kunst, nicht nur weil sie aus Gold ist. Auch jetzt schweigt er schon beharrlich. Sogar sein Dasein verschweigt er. Aber seine Zeichen sind unmißverständlich: grüne Flämmchen, die vor meinen Augen hüpfen. Seine eigene Sprache. Ich lerne sie verstehen. Es kommt auf die Zahl und Anordnung an. Ich antworte mit roten Flämmchen, denn ich liebe meinen Sohn. Ich möchte ihn beschützen, aber sein Stolz will nichts davon wissen. Wie alle Kinder, will er mit dem Kopf durch die Wand gehen. Und er geht wahrhaftig durch die Lein-Wand meines Bettes. Wir sitzen beide auf der Bettkante und beraten, wie es weitergehen soll. Er ist sehr musikalisch, hat mit einer Laubsäge ein Instrument geschnitzt, für das wir noch keinen Namen haben. Es hat wunderbare Töne, sehr leise, dennoch intensiv. Er hat schon viele Lieder komponiert aus Funken. Nach seiner Geburt wird er seine Erfindung wissenschaftlich begründen. Eine neue Musiklehre aus zarten und mächtigen Strahlen. Die Welt wird aufhorchen. Sie wird horchen lernen. Das ist notwendig in unserer Zeit, meint mein Sohn. In vielen Dingen ist er mir weit voraus. Durch ihn fliegen mir neue Sprachen zu. Vielleicht verdanke ich alles Schöne meinem Sohn, ja, ich bin überzeugt, er ist die Triebkraft, die mich verwandelt. Gestern sagte er mir etwas Erschreckendes: ich, seine Mutter, sei noch nicht

geboren! Noch nicht zur Welt gekommen, hieß es, grünge-
funkt. Hier lebe ich so viele Jahre, mitten in den Dingen,
ein fester Körper aus Knochen und allem anderen Zubehör
– aber es sei noch nicht das Eigentliche, findet mein Sohn.
Noch nicht das volle Licht der Welt erblickt, nur einen
fahlen Abglanz. »Du mußt leben lernen«, belehrte mich
mein Sohn. »Gut«, sagte ich. »Und die verschiedenen
Funken der Menschen verstehen lernen, jeder hat seine eigene Funksprache«, funkte mein Sohn. »Gut«, sagte ich,
»wenn mir noch Zeit bleibt.« Und sein helles, saftiges
Gras wächst mir über den Kopf.

Affen

Der Krieg hat mich brotlos gemacht und mir den Boden unter den Füßen entzogen. Ich hänge in der Luft und lebe vom Erlös meiner Tiere: Maul-Affen, die ich feilbiete. Das allgemeine Interesse an ihnen ist gering, aber da ich keine Miete zahle, vom Himmel manchmal ein bißchen Manna fällt, bleibe ich im Luftland. Ich bin bescheiden, aber nicht meine Maulaffen. Sie sind immer unzufrieden und rebellieren gegen mich und die Kauflustigen. Oft verstecken sie sich hinter meinen Worten und lassen sich nicht mehr feilhalten. Ich bin ihren Launen preisgegeben. Die Luft schützt nicht, sie läßt fallen. Ich muß mir alles gefallen lassen, um nicht auf die Steppe zu fallen, wo ich mit den Wölfen heulen müßte.

Unsterblichkeit

Bei einer Zigeunerin hatte ich einst ein Tuch erworben, das mich unsichtbar macht. Ich habe ihr dafür ein Viertel meiner unsterblichen Seele verkauft. Drei Viertel Unsterblichkeit genügen mir. Ich weiß nicht, wie die Allmacht es verrechnen wird. Hoffentlich darf ich drüben ein Viertel weniger leiden. Auf Erden ist eine ganze Seele unerträglich. Ich war glücklich, wenigstens ein Viertel loszuwerden und mich ungesehen durch die Welt bewegen zu dürfen. Auf diese Weise erfahre ich die wahre Gesinnung meiner Freunde. Früher oder später komme ich darauf, daß der eine und der andre alles andre als ein Freund ist. Aber wenn man nur drei Viertel Seele hat, tut es doch ein Viertel weniger weh.

Privacy

Manchmal möchte ich allein und ungestört sein. Das ist unmöglich: die Stimmen der Nachbarn, die Geräusche der Straße wohnen in meinem Zimmer. Öffne ich das Fenster, kommen Mücken, Fliegen, Falter, Spatzen hereingeflogen, ab und zu auch ein Kobold oder ein Engel. Jeder will etwas von mir: ein bißchen Blut, ein bißchen Hautduft, ein bißchen Futter, ein bißchen Schadenfreude, ein bißchen Halleluja. Man möchte ja gern allen gerecht werden, aber man möchte auch gern sich selber gerecht werden, seine eigene Stimme hören, keine frommen Wünsche haben, einmal alles verwünschen dürfen. Dieses Glück ist einem selten vergönnt.

Fliegen

Ich erstand ein Maschinengewehr, um mich gegen Fliegen
zur Wehr zu setzen. Sie erklärten mir den Krieg, belagern
mein Gesichtsfeld, paaren sich auf meinem jungfräulichen
Papier und setzten schwarze Punkte, wo Ausrufzeichen
[hin]gehören.

Fastkuren

Fastkuren sind Mode, je weniger man zu essen bekommt, um so mehr muß man dafür bezahlen. In einer Fastenfabrik sind 10 Fastenärzte, 20 Krankenschwestern und 1 Koch beschäftigt. Der Koch kocht für die 10 Ärzte und die 20 Schwestern. Die Diät für 100 Patienten wird von einem elektrischen Saftausdrücker zubereitet. Den Fastenden geht es hier ausgezeichnet. Sie dürfen barfuß im Taugras spazieren laufen, Kopf- und Handstand machen und singen. All dies ist im Spottagespreis inbegriffen.

Die Fastenfanatiker sind eine religiöse Sekte. Sie nehmen ihre Nicht- und Saftmahlzeiten mit Andacht ein. Sie beten: »Herr, gib uns unseren täglichen Fruchtsaft.« Nach 30 Fasten- und Fast-Fastentagen haben sie 30 Pfund Gewicht abgenommen und sind um einige tausend DM erleichtert worden. Wenn die Fastenfanatiker nach 6 Monaten wieder 30 Pfund zugenommen haben, kehren sie reumütig ins Fastenheim zurück, um Leib und Seele zu läutern.

Herzverpflanzung

Das Herz eines zwanzigjährigen Scheintoten wurde in den Brustkorb eines Achtzigjährigen verpflanzt, der die Operation nicht überlebte. Als der Herzspezialist zufällig bemerkte, daß der Zwanzigjährige nur scheintot war, wurde ihm sein Herz schleunigst zurückverpflanzt. Diesen Hinaus- und Hinein-, Heraus- und Hereineingriffen war er nicht gewachsen. Ein Lungeninfarkt trat ein. Diesmal war er unwiederbringlich tot. Sein Herz wurde eiligst einer Dreißigjährigen eingepflanzt, die aus Herzensgründen einen Selbstmordversuch unternommen hatte. Sie wehrte sich gegen das aufgezwungene Weiterleben und bereitete sich am nächsten Tag ein Ende. Das Herz gelangte sofort in den Besitz eines Siebzigjährigen, der schon nach 3 Tagen den Geist aufgab. Das Herz, das noch schlagkräftig und lebenstüchtig war, wurde von einer Sechzehnjährigen treuherzig aufgenommen. Hoffentlich bleibt es ihr eine Weile treu.

Im Papageiland lebten 3 Papageidichter, einer war der Vordichter, die beiden anderen die Nachdichter. Der Vordichter war von uralter Papageilyrik stark beeindruckt und beeinflußt. Die beiden Nachdichter hielten den Vordichter für den originellsten, modernsten Lyriker und äfften ihn eifrig nach. Bei einer Papageidichtertagung wurden alle drei Dichter mit Preisen ausgezeichnet: der Vordichter erhielt den Hauptpreis, die beiden Nebendichter zwei Nebenpreise. Die Papageikritiker waren sich darüber einig, daß man es hier mit den drei bedeutendsten Avantgardelyrikern von höchster dichterischer Potenz zu tun habe. Das Papageivolk nahm die Botschaft gläubig auf.

Erzählungen

Czernowitz III

Weiden pruthuferentlang Waldmeilen amselreif Horeacz-
wiesen Roschtal Cecinaberg: Landschaft um Czernowitz.
Die Stadt ist ein Berg steigt an vom Bahnhof bis zum
Volksgarten wo die grünen Engel wohnen. Schöner ge-
heimnisreicher von freieren Engeln beflügelt: die Habs-
burgshöh im Rücken die byzantinische Residenz. Auf-
und-ab-atmende Gassen schiefe und rechtwinklige Plätze
mit mürrischen Monumenten.
Stadt aus stillosen Häusern baufälligen Lehmhütten blu-
menschäumenden Villen wilden und intimen Gärten.
Stadt zahlloser Ziegen herrenloser Hunde und verhaßter
Wasenmeister. Stadt von Doktoren Händlern Hausierern
plärrenden Leierkästen mit Zukunftspapageien. Stadt der
Pirogen Konfitüre Quasnizes und dampfender Kukuruze
Weinperlen und Fladen. Stadt dröhnender Vieh- und Ge-
flügelmärkte. Stadt der von Huzulen zart bemalten Oster-
eier und zauberhaft handgewebter Teppichträume. Stadt
der Don Quixoten und Rosinanten.
Stadt des Geniekults: Jünger eiferten um Constantin
Brunner Karl Kraus Rilke Elieser Steinberg Schopenhauer
Kant und Spinoza. Stadt eines lyrischen Irrenhauses: der
paranoide Schlosser Pihovicz las aus einem Heft erlesene
Gedichte die er geschrieben oder abgeschrieben hatte.
Manche blieben unaufgeklärt wie etwa dieses:

Südlicher Friedhof

Die Blättervielsamkeit der Trauerbäume
klang klagender als ein Tragödenmund
und rauschte mondempor der Toten Träume
hoch ob der Sarkophage Marmorgrund.

Ein wilder Vogel schrie. Fontäne weinte
um ihre Seele, die sie einst besaß
und die in einem Säulenschaft versteinte
in strengen Linienadels Ebenmaß.

Ich flehte zu dem sinkenden Saturne,
daß mir sein Stern des Sterbens gnädig sei
und schritt am Becher einer leeren Urne
im abendlichen Dämmerlicht vorbei.

Will mich vielleicht schon ihr Oval erwarten
eh mich zu Asche stäubt der Flammen Gier?
Und immer dunkler ward der Toten Garten
und immer dunkler ward es auch in mir.

Stadt bunter Mischung zwischen Okzident und Orient.
Widersprüche und Zusammenträume: Jüdische Mystik
und Diskussionslust slawische Verträumtheit lateinische
Sinnenfreude französische Eleganz Rabelaissches Lachen
österreichisch-deutsche Kultur abendländischer Lebensstil.
In der Judengasse wohnte der Baal Schem Bonze Schweig
und der innere Himmel. Am Sabbatmorgen schmückten
die Frauen sich mit Scheitel und Spitzentuch die Männer
mit Kaftan und Stramel und trugen ihre Demut und Ge-
bete in die Synagogen.
Der Pruth spricht deutsch jiddisch ruthenisch rumänisch
polnisch und russisch.
Volksfarben Sprachfarben zu Plastik und Dichtung ver-
dichtet: Reders dynamische Skulpturen Celans große Visionen Mangers jiddische Lieder.

Der Fluch II

Ein Sonntag im Juni. Der Himmel war gleichmäßig grau-
blau. Das war Dunst, nicht Gewölk. Schon um 8 Uhr
stach die Sonne. Es wird ein schwüler Tag werden, war
meine Prognose, aber oben auf dem Kahlenberg und Leopoldsberg, 500 Meter über Wien, wird es waldkühl sein.
Ich wollte allein sein, das Problem, das mich seit langem
beschäftigte, ungestört durchdenken. Und schreiben. Ich
nahm das Notizheft mit.
Um halb elf war ich in Grinzing am Fuß des Kahlenbergs.
Der Reiz dieser Gegend mit zierlichem Brunnen, schma-
len, steilen Gäßchen und niederen, niedlichen österreich-
gelben Häusern hat nicht nachgelassen. Im Sommer ist
Grinzing die stärkste Abendattraktion, das beliebteste
Ausflugsziel. Hier wird »authentische Wiener Stimmung« vorgeführt. Ein Nachtbummel in einem Gartenlo-
kal bei »Heurigem«, Zitherklängen und Volksliederge-
sang im Wiener Jargon ist ein Ritual, dem sich fast jeder
Tourist unterwirft.
Der überfüllte Autobus legte den Serpentinenweg bis zum
Kahlenberggipfel in ungefähr 20 Minuten zurück. Kurz
darauf stand ich auf der Aussichtsterrasse. Die zwei be-
quemen Bänke fehlten. Warum? Warum wird das »gemüt-
liche« Wien immer ungemütlicher? Unter einer milchwei-
ßen Schleierschicht schien die Stadt unten zu schlummern
– ein verschwommenes Muster, von goldnen Kuppelblit-
zen durchzuckt. Es flimmerte, in pastellfarbne Lichtre-
flexe aufgelöst, wie ein Gemälde vom Monet der letzten
Schaffensphase. Keine abgrenzenden Linien, auch nicht
die Türme des Stephansdoms und der Votivkirche waren
sichtbar. Links deuteten fadendünne Glanzwindungen die
Donau an. Schaumgrüne Wellen umrahmten das Bild.
Diese in Kreisen sich bewegende Stadt – der »Ring«, der
weitausholende »Gürtel«, der Wälderzirkel –, war nicht
dieses rundliche Wien ein Walzermotiv? Auch die molli-

gen Menschen, der weiche Akzent, die melodischen Stimmen: Walzermotive. War es ein Zufall, daß der Walzer hier beheimatet war, daß Johann Strauß hier seine Dreivierteltaktweisen schuf? Das Fassadenwien ist ein Walzer, dachte ich, aber ist das alles? Gibt es nicht auch eine schärfer profilierte Wien-Visage, ein eigenwilliges Innenwien mit kräftigerem Duktus? Es hat lang geschlafen. Es beginnt zu erwachen. Frischer Wind weht im Literaturgelände. Auch auf anderen Kunstgebieten: Aufschwung und erweiterte Weltsicht.

Lautes, farbiges Leben überflutete die Terrasse. Viele Sprachen flirrten durch die Luft. Manche verstand ich, andere waren am Klang und Tonfall erkennbar. Zwei anmutige Japanerinnen unterhielten sich in gedämpftem Ton in ihrem delikaten Idiom. Ich fing englische, französische, ungarische, rumänische, norddeutsche, schweizerdeutsche, slawische und skandinavische Gesprächsbrocken auf. Wien ist eine Touristenstadt geworden. Eine Weltstadt? Nein, eine provinzlerische Großstadt: Um 9 Uhr abends Torsperre und die Straßen fast menschenleer. Diese reich verschnörkelte, rosenumduftete Hauptstadt Österreichs hat noch – trotz vieler stilstörender Neubauten – in den Innenbezirken ihren barocken, in manchen Außendistrikten den idyllischen Charakter bewahrt. Der typische Wiener ist ein provinzlerisch denkender Lokalpatriot. Er ist überaus liebenswürdig, fast höfisch höflich, solange man ihm mit der gleichen Galanterie begegnet und seine patriotischen Gefühle nicht verletzt. Wird das usuelle Zeremoniell nicht eingehalten, sträubt er – ein getarntes Igelgeschöpf – seine Stacheln, greift an, wird grob, rabiat. Der typische Wiener ist ein Januswesen: ritterlich und boshaft, untertänig und überheblich, sanguinisch und hysterisch. Der typische Wiener läßt keinen Nichtwiener, Nichtösterreicher an seine innere Person herankommen, schließt sich gesellschaftlich hermetisch ab. Nein, der »typische« Wiener ist eine Abstraktion – er ist so, aber auch anders. Unter solchen Gedanken machte ich mich auf den Weg zum Leopoldsberg. Dort, im Gasthausgarten mit der hinreißenden Doppelaussicht, hoffte ich viele stille Stunden zu verbringen.

Ein breiter Waldweg führt vom Kahlenberg zum Leopoldsberg. Die hohen, vollbelaubten Bäume sorgen für tiefkühlen Schatten. Auch das Erwartete kann frappieren. Wieder erfuhr ich die Faszination der Baumlandschaft. Ein überraschendes Ereignis war das akustische und gestische Bewegungsspiel des Laubes. Zu einem porösen Raum verwoben, ist es hier Heimat zahlloser Amseln, Drosseln und anderer Vögel, die ihre Singlust unermüdlich bekunden. Zuerst fielen mir einzelne Bäume auf, aber während ich durch das grünvariierte Spalier ging, rückten sie zusammen, eine Verbindung und Verbündung entstand, eine einheitliche Gestalt: der Wald.

Da bemächtigte sich meiner ein eigentümlicher Rhythmus. Es war die Melodie des jiddischen Rezitators Hertz Grossbart zu den Versen »Walzer« von Lutzky. Durch die harte Diktion der Melodie ist ein Anti-Walzer daraus geworden. Das Lied beginnt mit den Worten »Eins zwei drei«. Es war angenehm, zu diesem straffen und doch seltsam beschwingten Rhythmus im leichten Marsch-Schritt zu gehen, die Melodie übernahm einen Teil des Körpergewichts. Unzählige Stimmen begleiteten mich mit wiederholten 1-2-3-Variationen. Die Tonfiguren durchdrangen sich, flatterten auseinander, flogen wieder zusammen und verstrickten sich zu einer improvisierten, atonalen Partitur, die den Wald in Atem hielt. –

Plötzlich mußte ich stehenbleiben. Etwas berührte meinen Rücken. Kein harter Körper. Zwei Wellen, im Abstand von einigen Zentimetern, trafen meinen Rücken und kreisten auf ihm. Ich wollte mich nicht umwenden. Heute darf mich nichts ablenken, befahl ich mir und nahm das 1-2-3-Tempo wieder auf. Da hörte ich Schritte neben mir und spürte die zwei geisterhaften Bewegungen, im gleichen Abstand voneinander, auf meiner linken Wange. Ich wandte den Kopf nach rechts, beschleunigte meinen

Schritt und war in wenigen Minuten auf dem Plateau. Durch den großen Torbogen ging ich nach links hinaus auf die lange, schmale Terrasse am Leopoldsberg.

Auch hier der Schock des Erwarteten: das nach Osten und Süden sich hinbreitende Panorama. Noch lagen die verschwommenen Umrisse Wiens regungslos im weißlichen Dunstgespinst unter der Narkose der Hitze, bauschige Tupfen Grüns zwischen silberflimmernden Flächen. Matt schimmerte die gewundene Donaulinie. Zur Linken: der behäbige Bisamberg, das Wald- und Hügelgefälle bis Klosterneuburg. Rechts oben stand der Kahlenberg in eckigtrotziger Pose, ein Koloß im grünen Gefieder. Über allem hing die jetzt schon kornblumenblaue Glocke, deren goldner Schwengel phantastisch herunterstrahlte.

Ich atmete auf. Der Druck war von Rücken und Wange gewichen. Vielleicht waren es nur Spasmen meiner Phantasie gewesen oder die Auswirkung der magischen Melodie. Ich war allein mit der Landschaft, mit dem Amselsonntag, mit meinen Gedanken.

Da trafen mich wieder die zwei Bewegungen und bohrten sich wie Schrauben in meine Wange. Ich lief bestürzt zurück bis ans Ende der Terrasse, durch den Hofraum ins Gasthaus, suchte, noch immer im Laufschritt, einen schattigen Tisch, der die Aussicht freigab, und als ich sah, daß der Ecktisch in der ersten Reihe links eben frei wurde, rannte ich auf ihn zu und ergriff die Lehne des Sessels zur Rechten. Gleichzeitig ließ eine Frau sich in den Sessel mir gegenüber fallen, kicherte vergnügt und rief: »Na also, da haben wir den schönsten Tisch im Lokal!« Ich stand und starrte sie an. WIR! Was soll das heißen? Ich habe sie nicht eingeladen. Ich will allein sein.

Es war eine ältliche, altmodisch gekleidete Frau. Ihr dunkles Haar war fast gänzlich ergraut, die meisten Vorderzähne fehlten, die Wangen waren eingefallen. Ihre schwarzen Augen rollten hinunter ins Wiental, zurück herauf und zu mir herüber. »Warum nehmen Sie nicht Platz?« sprudelte sie hervor, »gefällt es Ihnen nicht hier? Kann doch schöner nicht sein. Oder sollen wir einen anderen Tisch nehmen?« Wieder WIR! Ich war verwirrt, verärgert. Meine Knie zitterten, ich mußte mich setzen. Diese aufdringliche Person! Wie eine Schere zerschneiden ihre Augen mein ersehntes Alleinsein. Ich bleibe nur fünf Minuten hier und setze mich dann an einen andern Tisch, nahm ich mir vor – aber, überlegte ich gleich darauf, das wäre eine Beleidigung. Also gut, eine halbe Stunde, nicht länger, ich bin hungrig, werde erst etwas essen.

»Ich kann Ihnen leider nicht lang Gesellschaft leisten«, sagte ich, »ich habe dringende Schreibarbeit mitgebracht, ich muß allein sein.« Sie lachte. »Aber was fällt Ihnen ein, wer kommt *her*, um zu arbeiten, noch dazu an einem solchen Sonntag?! Das tun Sie am Abend daheim. Schreiben mag wichtig sein, aber ein Mensch ist wichtiger – und ich bin doch ein Mensch, nicht? Ich heiße Marie Krumholz. Heute feiere ich meinen 60. Geburtstag.« Da gab ich mich geschlagen. Ein Mensch ist wichtiger. Der sechzigste Geburtstag eines einsamen Menschen ist wichtiger. Ich gratulierte ihr.

Der Kellner kam, ich bestellte zwei kernweiche Eier im Glas und ein Joghurt. Frau Krumholz verlangte ein kleines helles Bier und zog eine Schinkensemmel aus der Handtasche. »Ich bin so glücklich, heute hier zu sein, war schon jahrelang nicht im Wiener Wald – keine Zeit, die ganze Woche schwere Arbeit im Geschäft, und zu Hause muß ich auch alles allein verrichten – da ist man am Sonntag zu müde. Hier, mit Ihnen, ist es herrlich. Wir werden uns nicht langweilen.« Sie zog mich tiefer ins WIR, ich fühlte die magnetische Kraft ihres Willens.

»Sind Sie Advokatin?« fragte sie und sah mich flehend an. Ich schüttelte den Kopf. »Schade!« – sie seufzte tief – »ich brauche einen ehrlichen Rechtsanwalt. Die Halunken, die Advokaten meine ich, haben mich um zwei Erbschaften gebracht. Die zweite könnte man noch retten, aber wo finde ich einen anständigen Anwalt? Das gibt es nicht mehr. Sie haben ein offenes Gesicht, zu Ihnen hätte ich

Vertrauen. Als ich Sie am Kahlenberg erblickte, hab ich mir gedacht: Diese Frau könnte mir zu meinem Recht verhelfen, vielleicht ist sie ein Rechts-Anwalt, und ich bin Ihnen bis her gefolgt. Also nicht. Sie sind Jüdin, nicht wahr?«»Ja«, antwortete ich kurz.»Ich auch – das heißt, eigentlich bin ich Katholikin, mein Vater war katholisch, auch seine Frau, aber meine Mutter war eine Jüdin. Das war nämlich so: die Frau meines Vaters und eine Jüdin haben am gleichen Tag im Spital Mädchen zur Welt gebracht. Beide Mütter sind am nächsten Tag gestorben. Die Kinder sind vertauscht worden, das hat mein Vater erst nach Jahren von einer Nonne erfahren, die in jenem Spital Krankenschwester war. Folglich bin ich das Kind der jüdischen Mutter. Der Vater hat mich natürlich katholisch erzogen, aber ich habe auch – verstohlen – jüdischen Religionsunterricht bekommen. Sogar in den Tempel hat mein Vater mich gebracht, auch einen jüdischen Namen hat er mir gegeben: Mirjam. Ich bin fromm. Sonntags gehe ich in die Kirche und am Sabbat oft in den Tempel. Am Jom Kippur faste ich. Ich liebe mein Volk Israel.« Und sie zog ein dünnes Goldkettchen, das unter der Bluse hing, hervor, daran baumelten ein kleines goldenes Kreuz und ein Davidstern. Da ich sie erstaunt ansah, fügte sie hinzu:»Es ist ja derselbe liebe Gott.«

Ich war neugierig geworden.»Wie lebten Sie in den Hitlerjahren? Haben Sie den Davidstern getragen?« fragte ich sie und sah ihre schwarzrollenden Augen. Sie wichen meinem Blick nicht aus.»Ich wurde nicht belästigt, ich bin ja offiziell Katholikin, konnte alle Nachweise erbringen. Den Davidstern hatte ich in meiner Handtasche eingenäht, er war mein Talisman.«»Und die Erbschaften?« wollte ich wissen.»Die sind viel später gekommen – komplizierte Angelegenheiten. 1955 hab ich den ersten Prozeß verloren und vor kurzem den zweiten. Die Advokaten sind gegen mich verschworen. Aber ich habe mich gerächt, zwei hab ich schon umgebracht.«

Mein Atem stockte. Eine Mörderin? Nein, sie sah nicht

danach aus. Dieser irrende Blick, der plötzlich erstarrte und hypnotisierend wirkte, ihre jähen Bewegungen, die mysteriösen Erbschaftsprozesse und die angeblichen zwei Morde: alles deutete auf einen abnormalen Geisteszustand hin. Sie erriet meine Gedanken. »Nein, ich bin nicht verrückt, es ist eine Tatsache: durch mich sind die beiden abgefeimten Schurken umgekommen.« »Wieso durch Sie?« »Ich habe sie *verflucht*. Wen ich verfluche, der bleibt nicht am Leben. Meine Nachbarin kann es bezeugen. Als wir zusammen aus der Kirche herauskamen, hab ich zu ihr gesagt: so, jetzt hab ich den Advokaten H. *verflucht*, er wird nicht lang leben bleiben. Drei Tage später kommt sie zu mir gelaufen und zeigt mir eine Notiz in der Zeitung, daß der Rechtsanwalt H. bei einem Autounfall das Leben verloren hat. Auch der andere Advokat ist am dritten Tag nach meiner *Verfluchung* gestorben.«

Kein Zweifel, diese Frau hatte Wahnideen. Ihre Augen bohrten sich in meine. »Sie glauben mir nicht, halten mich für irrsinnig, nicht?« Ich war froh, daß der Kellner das Essen brachte und eine Gesprächspause eintrat. Um eine Antwort zu vermeiden, fragte ich sie später: »In der *Kirche* haben Sie Ihre Feinde verflucht und Gott hat Sie erhört – wie erklären Sie das?« – »Sehr einfach«, meinte sie, »Gott ist ja mein Vater, ich bin sein Kind. Ich habe nicht gesündigt, nicht gestohlen, niemanden betrogen, nicht gehurt – ich bin unberührt. Nun, wenn ich, sein sündloses Kind, einen Schurken verfluche, sieht mein Vater ein, daß ich recht habe, und tut mir zu Willen.«

Wie werde ich sie los, fragte ich mich, und sie antwortete, als hätte ich es laut ausgesprochen: »Bleiben Sie noch, bitte, ich möchte Ihnen ein Geheimnis anvertrauen: *ich habe IHN vernichtet!«* – »Wen, Gott?« rief ich. »Nein, wie können Sie so etwas sagen – HITLER, selbstverständlich«, entgegnete sie und sah mich vorwurfsvoll an. Ich warf einen schnellen Blick auf ihre Handtasche, sie fing ihn auf und lachte belustigt. »Seien Sie unbesorgt – hier«, und sie öffnete und zeigte mir ihre Tasche. »Nein, nicht in der Handtasche trage ich meine Waffe. Meine Waffe ist der *Fluch*. Gott hat ihn mir an *jenem* Tag gegeben. Da drinnen ist meine Waffe«, und sie deutete mit ihrer Rechten aufs Herz.

Ihre Augen sprühten, sie sah jetzt jünger aus, die Wangen waren gerötet und straffer. Eine magnetische Welle zuckte von ihr zu mir herüber. »An welchem Tag hat Gott Ihnen den Fluch gegeben?« fragte ich benommen. Sie schloß die Augen und erzählte: »Das war so: in jenen Jahren mußte ich natürlich meine jüdische Heimat verbergen, aber ich habe mit meinen Brüdern und Schwestern gelitten. Von einer Frau, die in Auschwitz gearbeitet hatte, erfuhr ich, was dort vorging, folglich auch in den andern Konzentrationslagern. Jahr um Jahr hab ich mit meinem gepeinigten Volk gelitten, bis ich es nicht länger ertragen konnte. Da hab ich einen Hungerstreik angetreten.« – »Wo, im Gefängnis?« – »Nein, daheim – einen Hungerstreik gegen Gott. Ich habe gebetet, geweint und ihm gedroht: ›ich esse nicht, bis Du mir den FLUCH gibst. Herr, gib mir die Macht, IHN mit dem FLUCH zu vernichten, mein Volk zu erlösen!‹ Sieben Tage hab ich gefastet, nur ein paar Schluck Wasser getrunken. Am siebenten Tag konnte ich vom Bett nicht mehr aufstehn. Da ist es geschehen. Ganz deutlich hat eine Stimme in mein Ohr gesprochen: ›WÄHLE – FLUCH oder SEGEN!‹ Dreimal hat die Stimme es wiederholt, dann war es still. Da hab ich den FLUCH gewählt. Es ist sofort in mich gefahren, eine große harte Kraft. Ich war gestärkt, hab mich schnell angezogen und bin in die Kirche gerannt. Auf den Knien hab ich den *Fluch* ausgesprochen, dreimal, mit meiner ganzen Kraft. Dann bin ich ohnmächtig zusammengebrochen. Im Spital bin ich erwacht, man war gut zu mir, nach zwei Tagen war ich imstande, nach Hause zu gehen. Am folgenden Tag, also drei Tage nach meiner *Verfluchung*, war mein Volk vom Satan befreit.«

Ich hörte ihr zu wie im Traum. Ihr fanatischer Glaube an den Wunderfluch – der Glaube, der Berge versetzt – übertrug sich auf mich. »Also Ihnen haben wir unser Leben zu verdanken«, sagte ich und meinte es ernst in jenem Augenblick. Da versagte ihre Intuition. »Sie verhöhnen mich«, rief sie bitter, »ich habe gedacht, Sie sind anders als die andern, diese Strohmenschen ohne Herz, ich hab gemeint, Sie werden erkennen, daß auch ich ein anderer Mensch bin. Ja, Gott in seiner Gnade hat mir den *Fluch* geschenkt – ja, mir verdanken die überlebenden Juden ihr Leben, auch Sie. Durch mich hat Gott den Hitlersatan vernichtet, und mit Gottes Beistand habe ich die beiden Halunken aus der Welt geschafft.« Ich schwieg. Nach einer Weile sagte sie sehr leise, mit abgewandtem Gesicht: »Ich weiß, daß ich gesündigt habe, als ich die Advokaten verfluchte, aber ich konnte nicht anders.«

Zögernd fragte ich sie: »Sagen Sie, liebe Frau Krumholz, warum haben Sie nicht um *Segen* gebeten, da Sie die Wahl hatten?« – »Zuerst mußte doch mein Volk vom Erzfeind befreit werden, verstehen Sie nicht?« schrie sie und klopfte mit der Faust auf den Tisch. Ganz im Bann ihrer Geschichte, die sie eindringlich und lebhaft gestikulierend erzählt hatte, argumentierte ich in ihrer Gedankensprache, indem ich ihre Prämisse von der heiligen Herkunft ihres Fluches als unumstößliche Tatsache hinnahm. »Wäre Hitler nicht machtlos gewesen gegen den Segen Gottes? Hätte er unser Volk dann noch verfolgen können?« war meine Frage.

Ihr Gesicht verzerrte sich. Zornige Blitze fuhren aus ihren Augen in meine Augen. Sie zischte: »Sie haben kein Recht, mir diesen Vorwurf zu machen! Mein Segen hätte nicht genug Macht gehabt, das ganze Volk zu retten. Aber *einen* Menschen, immer nur *einen* zu vernichten, dafür hat der *Fluch* ausgereicht.«

Wir schwiegen beide und wandten uns der Landschaft zu, ich nach rechts, Marie-Mirjam nach links. Die Dunstschicht war gewichen. Graue Häusergevierte mit scharfen Konturen waren sichtbar geworden, die Donau zog einen glanzlosen, gekrümmten Strich durch das Bild. Ohne

Glanz war auch der Raum vom Himmel bis ins Wiental. Dunkelgraue Wolkenschwaden, geschwollenen Bäuchen gleich, hingen herunter. Aus der Ferne kollerten die Stöße des Donners herüber. Ich rief den Kellner.

Als wir den Waldweg erreichten, blitzte es über uns. Von ihrem beharrlichen Schweigen eingeschüchtert, murmelte ich, daß wir uns beeilen müßten, um vor dem Gewitter auf dem Kahlenberg zu sein. Wieder ergriff der 1-2-3-Rhythmus von mir Besitz. Da geschah etwas, das mir den Atem verschlug: ganz deutlich kam es von ihren Lippen: »la la la« – *meine* Melodie. Diese drei Laute aus Marie-Mirjams Mund erschütterten mich mehr als ihre Geschichte vom Fluch und den drei Morden. Jenes hatte ich zuerst als fixe Ideen und Zwangsvorstellungen, dann, in einer traumhaften Stimmung, als ergreifende Legende hingenommen. Aber das La-la-la war Wirklichkeit, sinnlich real. Wer war diese kleine, alte, häßliche Frau? Eine Seherin? »Was haben Sie soeben gesungen?« brachte ich mit Mühe hervor. »Gesungen? Ach so, ich weiß nicht, eine Melodie ist mir eingefallen.« Und sie wiederholte eindeutig »la la la«: *mein* Motiv! Ist das nicht ein Wunder, wie ihr Fluch? fragte ich mich.

Es war sehr dunkel geworden, fast nachtschwarz. Plötzlich schlug mir Marie-Mirjam mit der flachen Hand ins Gesicht. »Um den *Segen* hätte ich bitten sollen, was? Nicht zuerst mein Volk vom Satan befreien, wie?« Und sie lief mir ein paar Schritte voraus. Es war ein leichter Schlag, aber ich taumelte. Die Wange schmerzte nicht, ich spürte nur den Umriß ihrer Hand wie elektrische Zuckungen auf meiner Haut. Gedemütigt, in tiefer Verwirrung, folgte ich ihr.

Wir liefen hintereinander den langen, finsteren Weg. Als wir die Anhöhe erreichten, fielen die ersten Tropfen. Da stürzte Mirjam-Marie auf mich zu und umarmte mich. Sie schluchzte. »Vergeben Sie mir, vergeben Sie mir, um Gottes willen! Sie haben ja recht. Ich habe es gewußt seit jenem Tag, aber ich wollte es mir nicht eingestehn. Es hat sehr weh getan, es aus Ihrem Munde zu hören – meine Verdammnis. Sie waren der Staatsanwalt, nicht mein Rechts-Anwalt – oder sind Sie vielleicht ein Anwalt Gottes?« Mit voller Wucht fiel nun das Gewitter über uns her. Mirjam-Marie hielt mich noch fest. »Ich wollte jetzt in die Kirche am Kahlenberg gehen, um Sie zu verfluchen, aber ich kann nicht – ich kann nicht mehr fluchen. Der Fluch ist aus mir geflohen, ich bin ganz leer geworden. Der *Segen*! Ich werde wieder sieben Tage fasten. Leben Sie wohl!« murmelte sie und lief im prasselnden Regen die letzte Steigung hinauf und über das Plateau in die kleine Kirche links, die offen war.

Bis auf die Haut durchnäßt, erreichte ich den Autobus.

Doppelleben

Ich führte damals ein Doppelleben. Tagsüber war ich ich, ein schüchternes, empfindsames Kind. Aber nachts im Bett verlor ich meine Identität: Menschen, Tiere, Dinge bemächtigten sich meiner. Waren es Träume oder Halluzinationen im Halbschlaf? Viele Verwandlungen erlebte ich mit offenen Augen, meine Erinnerung an sie ist intakt.

Einmal war ich ein Marienkäferchen, das sich tags zuvor auf meiner Hand niedergelassen hatte und in das ich mich verliebte. Ich spürte die 7 (oder waren es nur 6?) schwarzen Punkte auf meinem Rücken, breitete meine Flügelchen aus und flog über die Stadt. Es war ein wunderbares Gefühl von Freiheit und Leichtheit, wie ich es nie wieder empfand.

Besonders deutlich ist mir ein anderer Traum in Erinnerung: ich bin Milch in einer Holzschüssel. Ich stehe auf dem Küchentisch, in tödlicher Angst, getrunken zu werden. Schritte nähern sich dem Tisch, ich weiß: es geht um mein Leben, schreie entsetzt auf und erwache.

Oder: An einem strahlenden Sommertag ging ich mit meiner Mutter zur Habsburgshöhe, dem großartigen, hügeligen Waldpark. Als wir das Plateau erreichten, bot sich uns ein befremdendes Bild dar: Figuren, die wir hier nie zuvor gesehen hatten, standen in verschiedenen Körperhaltungen herum, als wären sie im Akt des Gehens und Sprechens plötzlich zu Stein erstarrt. Wir erschraken, meine Mutter drückte mich an sich, und noch ehe ich sie um Aufklärung bitten konnte, waren auch wir aneinandergelehnte Steinskulpturen. Zehn Jahre später standen wir steintot auf dem Gipfel der Habsburgshöhe. Rätselhaft wie die Verzauberung trat die Entzauberung ein. Mama machte die erste Bewegung mit der rechten Hand, die meine linke hielt. Wir sahen uns an, erstaunt und beglückt über die unerwartete Erlösung. Als wir den Park verließen, kam uns Papa atemlos entgegengelaufen. Hände winkten aus den Fenstern, die Nachricht unserer Befreiung hatte sich wie ein Lauffeuer in der ganzen Stadt verbreitet, bei jedem Schritt begrüßten uns Mitbürger, ohne Fragen zu stellen, als wäre das Geschehnis ein schon öfter erfahrenes Unheil, diesmal mit gutem Ende.

Eine andere Verwandlung wirkte lang in mir nach. Im Nachbargarten vor meinem Fenster duftete berückend ein Fliederbaum mit rötlich-violetten Dolden. Viele Büschel waren schon halb erblüht. Diesen Baum liebte ich fast so innig wie meine Eltern. Es war mein schönstes Anderssein: seine Äste waren meine Arme, die Zweige meine Finger, die dunkellila Dolden meine vielen, vielen Augen. Sie staunten die Straße an, die hohen Fensterbäume, die beweglichen Menschenbäume. Ich sah auch mich, das kleine Mädchen mit der Schultasche auf dem Rücken, mochte es, wehte ihm meinen vollen Atem zu. Als ich die Augen aufschlug, stand ich als Fliederstrauß auf dem Tisch. Die Mutter trat an mein Bett, umarmte mich und sagte: gratuliere! Dann gab sie mir 9 leichte Schläge auf die Schultern, 8 für die verflossenen Jahre, die ich damals vollendet hatte, den neunten als Vorschuß fürs nächste Jahr. Der Vater küßte mich und überreichte mir eine babygroße, kukuruzblonde Puppe mit verschämt gesenkten Lidern, die sich weit öffneten, sobald ich die Puppe auf die rosigen Füßchen stellte. Und hier sind deine Lieblingsblumen, Mama deutete auf den üppigen Fliederstrauß, dann auf mich, denn ich war noch halb er, halb ich, konnte ihn von mir noch nicht unterscheiden. Das bin ja ich. Mama, erkennst du mich nicht? Er ist die ganze Nacht in mir gewachsen. Mama lächelte. Gut, das bist auch du, er ist schön, laß ihn weiter in dir wachsen.

In der folgenden Nacht war ich etwas ganz anderes: die Piquedame. Sie hatte mich tief beeindruckt, als ich den Eltern beim Kartenspiel zusah. Diese Königin, diese dunkle Zauberin! Ich bewunderte und fürchtete sie. Überlebensgroß stand sie vor mir, herrisch-herrlich. Mit einem Wink ihrer geheimnisvollen Augen forderte sie mich auf, in sie einzutreten. Ich tat's, fühlte sofort meine Zauberkraft, meinen Rang. Ich saß auf einem weinroten Thron, hielt krampfhaft das schwere Zepter in meiner Rechten, herrschte über alle Spielkarten und die Hände, die sie hielten. Als ich die Hand meines Vaters erkannte, schwang ich das Zepter, murmelte einen beschwörenden Spruch. Schon war er in den Herzkönig verwandelt. Nun saß er neben mir auf dem Thron und wir regierten. Plötzlich stürzten alle Spielkarten auf den Tisch, der Herzkönig und ich fielen vom Thron auf die anderen Karten und konnten uns nicht mehr erheben. Piquekönig, der schwarze Zauberer, hat uns verhext, flüsterte ich dem Herzkönig zu. Zwei Riesenhände bauten ein Kartenhaus, ich lag als Stützplatte auf einem spitzen Dach, auf meinem Rücken wurde das zweite Stockwerk errichtet. Angst schnürte mir die Kehle zu, ich wollte um Hilfe rufen, aber wo waren meine Lippen, meine Stimme? Ich lag starr und still, trug vier schwere Kartenwände. Nach vielen Anstrengungen gelang mir endlich ein Schrei. Mamas Hände streichelten mich, ich war wieder ich.

Warum?

Warum? Weil er herrlich war. Der herrlichste. Ich verherrlichte ihn auf meine einfältige Art: ich machte krause Scherenschnitte, indem ich einen Bogen weißes oder buntes Papier mehrere Male – erst der Länge, dann der Breite nach – in der Mitte faltete und mit der Schere kühn in runden und eckigen Bewegungen ins Papier hineinfuhr, in einem Schwung, ohne abzusetzen. Es kamen bizarre Muster zustande, die sich vier-, sechs- oder achtmal auf dem Bogen wiederholten, wenn ich das Blatt ganz öffnete. Manchmal glückte ein – nach meinem Schönheitsideal – besonders hübsches Muster, das schenkte ich Papa. Oder ich übte mich fleißig in Klecksographie. Das war eine weniger anstrengende Kunstgattung, dafür aber um so schwieriger. Auf einen Bogen weißes Papier spritzte ich mit der Schreibfeder ein paar Tintentropfen, die ohne Plan und Ordnung auf das Blatt fielen. Dann faltete ich den Bogen genau in der Mitte. Die erstaunlichsten Figuren, oft Pflanzen, Vögel, Fledermäuse mit ausgestreckten Flügeln, manchmal Menschen ähnlich, waren das Ergebnis, wenn ich das gefaltete Blatt mit der Innenfläche meiner rechten Hand ein paar Sekunden rieb und es dann aufschlug. Meine »Werke« wurden bestaunt, und die gelungensten bekam Papa.
Kein Wunder, wenn ich ihn so maßlos liebte: Verwandelte er mich nicht in einen Vogel, wenn er mich ganz leicht – als hätte ich keinen Körper, kein Gewicht und bestünde nur aus Federn und Flaum – federleicht in die Höhe hob, ganz hoch über seinen Kopf, er schwang mich auf und nieder und setzte mich mit einem großartigen Schwung behutsam auf den Fußboden. Das wiederholte er, so oft ich NOCH und WIEDER schrie und lachen konnte. Ging mir der Atem aus, hörte er auf. Und wer konnte wie er für Simchas Thora die schönsten Fähnchen aus zweifarbigem Glanzpapier flechten, sie in zarte, oben gespaltene Holz-

stäbchen einsetzen und auf die hinausragende Holzspitze den verlockendsten roten Apfel stecken? Welcher Papa brachte an Purim seinen Kindern solche prächtigen Gragger, die sehr laut und dennoch melodisch kreischten, um Hamann, der das jüdische Volk vernichten wollte, seinen grausamen Plan aber mit dem Leben bezahlte, zu verhöhnen? Und das war nicht alles. Wer Papa eigentlich war, das wußte ich, ohne daß es mir jemand gesagt hätte, aber ich scheute mich, es auszusprechen: es war mein streng gehütetes Geheimnis. Papa, das war natürlich mein Vater, aber er war auch: der liebe Gott. Als mir einmal der liebe Gott im Traum erschien, mit langem weißen Bart natürlich, hatte er Papas Gesicht und seine blauschwarzen Augen. Gott-Vater, auf einer geblähten, halbkugelförmigen Wolke stehend, lächelte mich freundlich an. Während er von der Wolke sich tief zu mir herabneigte, rief ich erschreckt: »Paß auf, Papa – lieber Gott, paß auf, daß du nicht auf die Erde fällst«, denn die Wolke, auf der er stand, schaukelte bedenklich.

Im Sommer ging meine Mutter oft mit mir dem Vater entgegen, wenn er vom Büro auf dem Weg nach Hause war. An einem strahlenden Junivorabend waren wir wieder in dieser Absicht aus dem Haus getreten. Als wir ein paar hundert Meter in die Richtung gegangen waren, aus der mein Vater kommen mußte, erspähte ich ihn, er bog eben beim Kreuzgarten in die Morariugasse ein. Ich riß mich von der Hand der Mutter los und stürzte mit ausgebreiteten Armen PAPA PAPA rufend blitzschnell auf ihn zu. Plötzlich tauchten zwei riesengroße Augen vor mir auf, leuchtende, kastanienbraune Augen. Dann lag ich auf dem Boden und sah, wie vier große Räder, erst zwei, nach einigen Sekunden wieder zwei, zu beiden Seiten meines Körpers, eng an mich gepreßt, sich langsam vorwärtsbewegten. Ich hörte den entsetzten Aufschrei des Vaters, der Mutter, mit Rufen, Pfiffen, Zischen, Gebrüll und Pferdegewieher vermengt. Ich lag ausgestreckt, mit offenen Augen, regungslos, unter einem langen, wie sich später herausstellte mit Kohlen beladenen, von drei großen Pferden gezogenen Bauernwagen. Warum regen sich alle so auf, warum schreien sie so? dachte ich. Endlich hatten die Räder sich so weit vorbewegt, daß mein verzweifelt schluchzender Vater mich in seine Arme nehmen konnte. Ich verlor das Bewußtsein.

Als ich die Augen aufschlug, lag ich auf dem kleinen Ledersofa in unserer großen, hellen Küche, sie war der nächste Raum von der Diele. Papa stand händeringend neben mir, Mama, tränenüberströmt, legte mir eben ein feuchtes, kühles Tuch auf die Stirn. Ich blickte um mich und sah in, wie mir schien, Hunderte von Augen, helle und dunkle Augen, neugierige, verstörte, fragende, glotzende, auch schadenfrohe Augen. Die ganze Küche und die Diele – die Tür stand offen – waren von Augen erfüllt. Alle starrten mich an. Ich empfand keinen Schmerz, alles schien mir ganz normal, auch daß es bei uns plötzlich so viele Augen gab, die ich nicht kannte. Bekannte und unbekannte Nachbarn, Kinder und wer sonst sich gerade in der Gasse befand, waren in unsere Wohnung mit hereingeströmt. In ihrer Panik dachten meine Eltern nicht daran, die Türe zu schließen oder die Leute hinauszuweisen. Ich hörte Papas hysterische Rufe: »Ein Arzt, um Himmels willen holt doch sofort einen Doktor!« Vor Schrecken war er unfähig, selbst zu handeln. Mehrere Verwandte und Nachbarn waren in verschiedene Richtungen gelaufen, die einen um unseren, die anderen um ihren Hausarzt zu bringen, aber noch war keiner erschienen. Ein Polizist saß an unserem Küchentisch und verhörte den Bauern, Eigentümer und Kutscher des Wagens. Dieser stand mit gesenktem Kopf, den schwarzen zerknüllten Filzhut in der Hand, und murmelte Antworten auf ruthenisch, die einzige Sprache, die er verstand. Auch Augenzeugen wurden befragt. Alle Stimmen waren gegen mich: blindlings und blitzschnell war ich in den Wagen hineingerannt, ehe der Kutscher es verhindern oder den Wagen anhalten konnte. Nach der Protokollaufnahme wies der Schutzmann alle Augen hinaus. Ich weinte nicht, gab überhaupt keinen Laut von mir, aber ich beobachtete alles sehr genau, jede Einzelheit prägte sich meinem Gedächtnis ein, so u. a. das rötliche Aufleuchten des Kupfergeschirrs auf der Westwand in der untergehenden Sonne.

Da kam die eilig herbeigeholte alte Muhme Ruchel, eine Tante meiner Mutter, die in der ganzen Familie als sehr weise und vielwissend geschätzt, ja verehrt wurde, und die man in allen schwierigen Lebenslagen, besonders die Gesundheit betreffend, zu Rate zog. Sie kam, mit einem großen Stück Wachs ausgerüstet, atemlos gelaufen. Wachs war eines der Zauberdinge, die immer in ihrer Wohnung vorrätig waren. Ein Topf, halb mit Wasser gefüllt, wurde schleunigst zum Kochen gebracht, sie warf das Wachsstück hinein, und unter leisem, beschwörendem Gemurmel – unverständliche Worte oder Sprüche – spuckte Muhme Ruchel dreimal leicht in den Topf, dann dreimal in meine Richtung und dreimal in die entgegengesetzte. Keiner in unserem Familienclan kannte die Beschwörungsformeln, sie waren und blieben ihr Geheimnis. Nach einigen Minuten war das kochende Wachs weich geworden und hatte die Form angenommen, die ihr richtig schien. Mit einer großen Gabel hob sie das dampfende Wachsstück aus dem Topf, legte es auf einen Teller, drehte es um, prüfte es mit gewieftem Blick und gab meinen zitternden Eltern die Deutung bekannt: »Seht her, meine Teuren, dies ist die Morariugasse, hier ist euer Haus, 5a, da liegt das Kind, dies ist der Wagen, hier sind die drei Pferde und da, am Ende, wieder euer Kind – ganz deutlich, nicht wahr? Seht doch selber. Das Kind stramm und aufrecht, tpuh, tpuh, tpuh, vollkommen heil, wahrhaftig! Seid ohne Sorge, meine Lieben, eurem Kind ist nichts Ernstes zugestoßen. Aber warum ist noch kein Arzt da? Er muß es euch sagen.« Mama atmete ein wenig erleichtert auf, aber Papa, noch immer unter dem Schock, schlug sich mit den Fäusten auf die Brust, rang die Hände und zitterte am ganzen Körper. Endlich erschien ein Medikus, ein ernst und gewichtig aussehender Mann mit schwarz umrandeter Brille und schwarzer Ledertasche. Da löste sich meine Erstarrung, ich erwachte aus der Betäubung und bekam einen Weinkrampf. In jedem Arzt witterte ich den Malech-Amus, den Todesengel, und wehrte mich aus Leibeskräften gegen ärztliche Untersuchungen. Diesmal hatte ich keine Kraft, mich zu sträuben, konnte nur schluchzend protestieren: Es half nicht, der fremde, gefährlich aussehende Herr Doktor untersuchte mich – sehr behutsam, aber auch sehr gründlich. Nach einigen Minuten stand der Befund fest. Fröhlich rief der Arzt: »Großartig, das hat die Kleine ja sehr schlau gemacht, sich schön *zwischen*, nicht *unter* die Räder gelegt, haargenau, nicht einen Millimeter zu weit nach rechts oder links. Bah, nur Hautschürfungen und eine leichte Stirnwunde vom Hufschlag des Pferdes, das sie niedergeworfen hat. Meine Herrschaften, ich beglückwünsche Sie, Ihr Töchterchen ist gerettet. In ein paar Tagen ist sie ganz hergestellt und kann ihrem Papa wieder entgegen g e h e n , nicht l a u f e n , hörst du?!« Das galt mir, aber ich war noch ganz ins Schluchzen vertieft. Der Doktor wurde vom Vater mit wärmsten Danksagungen hinausgeleitet, ich aber weinte weiter. Vergeblich bemühten sich meine Eltern, mich zu beruhigen. Schluchzend stieß ich immer wieder hervor: »Soll ich doch schon aufhören zu weinen, bitte Papa, laß mich aufhören zu weinen, ich will ja, aber ich kann nicht. « Da setzte sich Muhme Ruchel ans Bettchen (ich war inzwischen in mein Bett transportiert worden), nahm meine Hand und erzählte mir eines ihrer 100 wundersamen, selbsterfundenen Märchen. Wenn sie Geschichten erzählte, verwandelte sie sich in eine helle Fee, die kleine, alte, graue Muhme Ruchel, unsere Zauberin und Medizinfrau. Alles an ihr war grau: das Haar, die Gesichtsfarbe, die Kleidung, so habe ich sie in Erinnerung. Aber sobald sie zu erzählen begann, sah ich sie rosa und himmelblau. Diesmal war's ein Märchen über ein bildschönes nobles Fräulein, das von einem tückischen Zauberer – ich entsinne mich nicht mehr, warum – in eine Weide verwandelt wurde. Sie mußte immerzu weinen, weinen, bis sie einen Fluß vollgeweint hatte. Ein junger, edler König, der es erfahren hatte, kam zu ihr, zwang den bösen Zauberer – ich weiß nicht mehr, wie – sie zu erlösen, und machte sie, von ihrem Liebreiz hingerissen, zu seiner Königin. »Und du, mein Kind, sollst auch nicht mehr weinen, hier ist Papakönig, du bist von einer Gefahr befreit, eine reizende Prinzessin. Wenn du weiter weinst, bekommst du garstige rote Augen, sieh, deine blonden Locken sind schon ganz verklebt von den salzigen Tränen. Pfui, schäm dich, schau in den Spiegel hier, hahaha, wie komisch du aussiehst mit den roten Augen!« Ich weinte nicht mehr – gegen Muhme Ruchel konnte niemand aufkommen.

Als ich mich ein bißchen erholt hatte, stellten mir die Nachbarn, Verwandten, Bekannten, die uns besuchten, erbarmungslos die gleiche Frage: »WARUM? WARUM hast du dich von Mamas Hand losgerissen? WARUM bist du so wild in den Wagen hineingerannt? WARUM?« Diese Fragen erstaunten und erzürnten mich. »WARUM WARUM? Weil Papa ja dort, beim Kreuzgarten, gekommen ist und ich ihn erblickt habe und er mich gesehn hat und mir zuwinkte – ja, da *mußte* ich doch zu ihm laufen! *Ich* verstehe nicht, WARUM der Kutscher und die Pferde das nicht verstanden haben! Es ist doch nicht *meine* Schuld!«

»Aber du tust es nicht wieder, nicht wahr?« fragte Mama ängstlich. »Ich weiß nicht, Mama, wirklich, ich weiß nicht.«

Einmal fing ich ein Gespräch auf, das eine Nachbarin mit meiner Mutter im Flüsterton führte – dunkle, unverständliche Dinge: letzte Nacht – großer Komet gefallen – Krieg – nein, Weltuntergang – wann? Donnerstagnacht. Sie sahen einander bestürzt an und schüttelten die Köpfe. Donnerstag Weltuntergang! Es war Montag, also hatten wir noch drei Tag zu leben, drei Tage und drei Nächte. Mama war gelassen. Ist es ihr gleichgültig, ob wir leben oder untergehen? Nein, sie war eine Heldin! Aber ich war fürchterlich feig, das Grauen saß mir in den Gedärmen, im Brustkorb, im Hals. Von Montag bis Donnerstag gab es keinen Schlaf mehr. Ich versuchte, mir vorzustellen, *wie* die Welt untergehen, in was sie ein- oder aufgehen würde. Ins *Nichts*! Was ist das Nichts? Erde, Sterne, Vater, Mutter, Bruder, unser Haus und ich – alles, alles soll plötzlich ins Nichts versinken?! Wenn das Nichts alles aufnehmen kann, ist es nicht *ETWAS*, in das alles paßt? Meine Einbildungskraft versagte, ich sah nur einen unendlich leeren, schwarzen Raum. Woher kommt das Nichts, wo ist es jetzt und bis zum Weltuntergang? Wenn alles, auch der Himmel zunichte wird, was geschieht mit dem lieben Gott? Fällt auch er ins Nichts oder ist *er* vielleicht das Nichts, in das wir fallen? Es gelang mir nicht, mich als ein Stäubchen Nichts im Allnichts vorzustellen. Finsternis, Angst, Angst. Da kam mir ein Gedanke: das Nichts ist Angst, so wird es nichts geben außer der Angst. In ihr war ich ausgelöscht, entkörpert. Der gefürchtete Donnerstagabend war da. Die Eltern taten, als wüßten sie nichts vom Nichts, das uns alle diese Nacht erwartete. Ist heute wirklich Weltende, Mama? fragte ich zitternd. Mach dir keine Sorgen, Kind, schlaf gut. Leicht gesagt, mach dir keine Sorgen! Als wär's eine Kleinigkeit, in den nächsten paar Stunden zu sterben! Mama ist eben eine Heldin, läßt sich ihre Angst nicht anmerken, sie will, daß ich ruhig einschlafe, um den Weltuntergang nicht zu spüren. Zähneklappernd lag ich die ganze Nacht im weichen, weißen Bett, der Finsternis und dem Grauen preisgegeben. Mir gruselte bei jedem Geräusch, das von der Straße ins Zimmer drang. Jetzt geht's los, das ist das Signal! Ich hielt mich am Polster fest. Unzählige Tode starb ich in jener Alpdrucknacht. Erst um 7 Uhr, als die Sonne ins Fenster trat und Mama mit einem Glas Milch kam, überzeugte ich mich, daß wir noch lebten. Erde und Himmel waren unversehrt, die Sonne stand strahlend im Spiegel und blendete mich. Ich kniff die Lider ein bißchen zusammen, da strömten zahllose Regenbogen in meine Augen. Die Welt ging auf. Ein unendliches Glücksgefühl erfüllte mich – ich lebte.

Mann im Mond

Gestern besuchte ich den Mann im Mond. Er hatte mich eingeladen, als ich in meiner Jugend eine Ode an ihn schrieb. In den Jahrzehnten, die inzwischen verflossen sind, wiederholte er öfter die Einladung, das letzte Mal in einem merklich gekränkten Ton. Kurz entschlossen, bestieg ich ein Raumschiff und landete ohne Zwischenstation und Zwischenfälle auf dem Mond. Der Mondmann, ein untersetzter Herr mit freundlich-rundem Gesicht und einer Glatze, empfing mich überaus herzlich und gastfreundlich. Er setzte mir einen Riesenteller mit Steinen vor: kirschenförmige, kartoffelförmige, birnenförmige und kleine, dunkle Steinchen, die an Kaviar erinnerten. Wäre ich nicht magenleidend, ich hätte die herrliche Steinmahlzeit mit Wonne verzehrt. Unter den Umständen mußte ich mich mit dem Anblick des schönen Steinstillebens begnügen. Auf meine Frage nach seiner Gesundheit erwiderte der charmante Mondmann, mit einem verstohlenen Seufzer, es ginge ihm recht gut, nur die Gallensteine quälten ihn von Zeit zu Zeit. Regelmäßig: alle 28-29 Tage überfielen ihn fürchterliche Koliken, er winde sich vor Schmerz, schrumpfe zusammen, sei dann nur ein dünne Andeutung seiner selbst. Nun, er habe sich mit seinem Schicksal abgefunden. Aber glücklich, nein, glücklich sei er nicht. Warum?, wollte ich wissen. Ja, sehen Sie, sagte er traurig, ich bin einst sehr verwöhnt worden. Meine liebsten Nachbarn, die Erdbewohner, pflegten mein Land und mich zu bewundern, besingen, bedichten. Das war schön und hat mein Selbstwertgefühl gehoben. Mein Dasein hatte einen Sinn: mein Land und ich riefen Begeisterung hervor, wir inspirierten viele Dichter, Komponisten, Verliebte. Heute weiß ich nicht mehr, wofür ich noch lebe. Ich habe Sie eingeladen, weil es mir schien, daß Sie noch etwas für uns übrighaben. Vielleicht können Sie mir raten, wie ich meine ehemalige Position zurückgewinnen kann?

Die wissenschaftlichen Besuche Ihrer Mitbürger interessieren mich nicht. Sie übersehen mich, sehen nur Steine und Sand. Das gibt es doch überall! Sie wissen, was ich meine, Sie sind ja ein Poet. Ich schwieg betreten. Ach, lieber Mondmann, antwortete ich schließlich, meine Landsleute dort unten haben keine Zeit. Keine Zeit für Gefühle, die keinen praktischen Nutzen bringen. Sie sind entsetzlich überbürdet, müssen Kriege vorbereiten und führen oder dagegen protestieren, gegen die Proteste protestieren, gegen die Proteste der Proteste und so weiter. Es bleibt ihnen wahrhaftig keine Zeit, sich mit anderen, fernen Dingen näher zu befassen. Aber geben Sie die Hoffnung nicht auf, nichts bleibt, wie es ist, das Alte kehrt wieder und ist dann funkelnagelneu. Sie sind ja, gottlob, noch ein rüstiger Mann. Sie werden die Rückkehr zu Ihnen und Ihrem Land in Ihrem Sinn noch erleben. Bis dann, rate ich Ihnen, uns Menschen nicht zu ernst zu nehmen. Leben Sie wohl – *ich* vergesse Sie nicht!

Essayistische Arbeiten

Phaidros

Mir steht die schwierige Aufgabe bevor, die Mannigfaltig-
keit und den farbigen Reichtum des Stoffes in diesem
Werke zu einer geschlossenen Einheit zu verbinden, vielmehr: diese existierende Einheit aufzudecken und im Ausdruck sichtbar zu machen.

Wenn es nach flüchtiger Lektüre den Anschein erwecken
mag, daß im Phaidros durchaus verschiedenartige Elemente zusammengetragen wurden, daß bald die Schönheit, bald die Liebe, dann die Seele und zuletzt gar die
Redekunst Leitmotive sind, so daß man, über dem Allzu-
vielen der Gegenstände stolpernd, in Verwirrung gerät
und nach einem Halt und Ruhepunkt in der Flucht der
Gedanken sucht: so erschaut man in der Ferne wahrhaftig
diesen aufregenden Berg und rettenden Halt. Und wenn
man am Gipfel angelangt ist: welche Schau weithin! Von
hier hinabgesehen, gibt es kein hemmendes Gestrüpp,
über das man straucheln könnte! Vor uns erstreckt sich der
weite geschlossene Kreis der lebendigen Landschaft, hier
Berg, dort Tal, hier Sonne, dort Schatten, hier Wald, dort
Au und Bach. Das sind keine Widersprüche gegenein-
ander; es sind die *organisch zusammenhängenden Glieder der
Natur selbst*, *ein Leib*, *eine Einheit*. Die durch Schatten verhüllten einzelnen Stellen hingegen, die meine Augen nicht
durchdringen konnten, sind wohl nicht minder in jene höhere Ordnung eingeschlossen.

Diese angedeutete Ganzheit und Geschlossenheit des
Werkes als *Gehalt* ist gleicherweise in der künstlerischen
Struktur aufzufinden. Die Dynamik und der Rhythmus
steigern sich mit der wachsenden Konzeption bis zur äußersten Möglichkeit sprachbildnerischer Form, und diese
geht in straffere, härtere Linienführung über, wo der Gegenstand es fordert. –

1. Teil

Plato versetzt uns in das heitere Milieu einer üppigen,
übersonnten griechischen Landschaft, die sehr sinnig als
Folie zur geistigen Sphäre des Kommenden paßt. Hier
lustwandeln Sokrates und Phaidros, in ein Gespräch über
eine Rede des berühmten Redenschreibers Lysias vertieft.
Sie lagern sich unter einer großen schattenspendenden Pla-
tane, und Sokrates atmet entzückt die ihn umgebende
Schönheit ein, bewundert das schwellende Gras, die
[nicht lesbar] Luft, die kühlende Quelle und den Zikaden-
gesang.
Von Sokrates genötigt, liest Phaidros die Rede des Lysias
vor, die einen schönen Knaben auffordert, einem Nichtverliebten eher als einem Verliebten die Gunst zu schenken, da die Verliebten aus Neid, Eifersucht und Furcht,
jemand könnte sie an Geld oder Bildung übertreffen, den
Umgang des geliebten Knaben mit anderen Menschen verhindern; nachdem sie ihr Verlangen gestillt haben und
wieder zur Vernunft kommen, Streit suchen, den früheren Zustand bedauern, dem Geliebten keine dauernde
Freundschaft schenken und ihm die früher gebrachten
Opfer vorwerfen. Diese und ähnliche Gründe werden
ohne Beweisführung, ohne logische Gliederung, ohne
wechselnden Rhythmus in gleichförmigem Tonfall hintereinander aufgezählt, die Einsicht des Nichtverliebten wird
gepriesen und das Gegenteil jener Eigenschaften diesem
zugeschrieben. Im Hinblick auf die angeführten *Vorteile*
und auf den künftig zu erwartenden *Nutzen* möge der
Knabe nicht dem Verliebten, sondern dem Nichtverliebten Gehör schenken, fordert die Rede. –
Mit der ihm eigenen Ironie äußert sich Sokrates über die
Rede, tadelt die unkünstlerische Form und Anordnung
und erklärt sich auf die Herausforderung des Phaidros be-
reit, eine bessere Rede im gleichen Sinne zu halten, wobei
er vorgibt, altes in ihm ruhendes Erinnerungsgut wieder-
zugeben.

Verhüllten Hauptes hält Sokrates seine erste Rede, an einen schönen Knaben von einem listigen Liebhaber gerichtet, der dem Geliebten vorheuchelt, er liebe ihn nicht, um ihn zu überzeugen, daß er einem Nichtverliebten eher als einem Verliebten seine Gunst schenken solle.

Um zu wissen, ob Verliebtheit Schaden oder Nutzen bringt, müssen wir erst feststellen, *was das Wesen und die Wirkung der Liebe ist*. Was wir zunächst über die Liebe aussagen können, ist, daß sie eine BEGIERDE ist. Im Menschen gibt es aber zwei Grundtriebe: *die Begierde nach Lust und die Einsicht*. Diese sind abwechselnd in Fehde oder im Einklang miteinander. Je nachdem, welche Begierde die Oberhand hat, wird sie zum Frevel oder zur Besonnenheit. Demnach ist Liebe: *die von der Vernunft nicht beherrschte Begierde zur Lust am körperlich Schönen*.

Von dieser Definition ausgehend, muß nun untersucht werden, welcher Vorteil oder Schaden der Verliebte oder Nichtverliebte dem Knaben bringt. Der von der Begierde besessen, wird den Liebling, um ihn in seiner Gewalt zu haben, geistig unbedeutend, feige, unvernünftig, untalentiert sehen wollen. Wenn der Knabe jene Mängel besitzt, wird der Liebhaber ihn darin unterstützen, andernfalls er neidisch die guten Eigenschaften zu unterdrücken trachten und ihm den vorteilhaften Umgang mit weisen Männern verbieten wird, wodurch die *Seele* großen Schaden leidet.

Die üble Folge für den Körper des Geliebten wird aber die sein, daß der Verliebte ihn weichlich, schwach, unmännlich, zierliebend haben möchte. Ein solcher Körper wird weder dem Kriege noch anderen schwierigen Lebenslagen gewachsen sein, also großen Schaden davontragen.

Um ferner den Geliebten ganz für sich zu haben und durch nichts und niemanden in seinem Besitze gestört zu werden, wünscht der Verliebte, daß er Geld, Eltern, Freunde, Frau und Kind verliert.

Doch abgesehen von all diesen Nachteilen, hat der Knabe nicht einmal jenen momentanen Gewinn der Lust. Denn einerseits wegen des Altersunterschiedes, andererseits wegen des Zwangsverhältnisses, aus dem heraus der Verliebte den Knaben nötigt, sich dauernd seinen Zärtlichkeiten zu fügen, muß dieser nun Widerwillen und Abneigung gegen ihn empfinden.

Die letzte Schlußfolgerung ist, daß der Verliebte, wenn seine Krankheit, die Gier, ihn verlassen hat, treulos wird und die Hoffnung des Knaben, durch den gegenwärtigen unangenehmen Umgang zukünftige Vorteile zu genießen, zerstört.

»Bedenke also«, schließt diese Rede, »daß die Freundschaft des Liebhabers nicht auf Wohlwollen beruht, sondern, gleich wie Wölfe das Lamm, so lieben den Knaben Verliebte.«

Nach Beendigung dieser Rede tut Sokrates, der geniale Heuchler, ganz zerknirscht. Welch eine alberne und *gottlose* Rede sei doch die des Lysias gewesen, und eine ebensolche habe ihn Phaidros zu halten genötigt! Phaidros ist erstaunt, begreift nicht. – *Eros* sei doch etwas Göttliches, könne also nichts Böses sein! Gegen ihn nun haben die beiden Reden schwer gefrevelt. Sokrates muß sich vor ihm entsühnen, und dies kann er nur durch eine Gegenrede unverhüllten Hauptes. Phaidros stimmt freudig zu.

Diese Gegenrede, die sowohl an sich als auch in bezug auf dies Werk von hervorragender Bedeutung ist (ich werde später noch ausführlicher darauf eingehen), legt Sokrates dem *Dichter* Stesichoro in den Mund.

»Falsch ist die Behauptung, man solle einem *Nicht*verliebten eher als einem Verliebten zu Willen sein, weil der eine von Sinnen, der andere bei Sinnen sei«, beginnt die reuige Rede. Wohl ist die Liebe ein Wahnsinn, doch ist damit auch erwiesen, daß jeder Wahnsinn ein Übel ist? Sokrates führt mehrere Arten von *göttlichem Wahn* an, die, im Gegensatz zur Verrücktheit, schöpferische Zustände sind, wie 1) das Wahn- oder *Wahrsagen* (wohl zu unterscheiden vom Weis- oder Wiss-Sagen, das Aberglaube ist), womit er wohl die *Philosophie* meint, da er sich selbst im Kap. 10

einen *Wahrsager* nennt. 2) Einen »die Zukunft enthüllenden Wahnsinn«, eine Art *mystischer Ekstase*. Die dritte Art Begeisterung stammt von den Musen her, die *künstlerische Inspiration*. Hier folgt ein charakteristischer Hinweis, auf den wir noch zurückkommen werden, daß, wer ohne diesen *Wahnsinn der Musen* dichtet, im Glauben, er könne durch »Kunst allein« ein guter Dichter werden, der ist ungeweiht und wird nichts Bedeutendes zustande bringen. Das ist die *prinzipielle Haltung*, die Plato der Dichtkunst gegenüber einnimmt: »Kunst allein« ist ihm lediglich Technik, Mittel. Die göttliche Begeisterung, der schöpferische Trieb erst machen sie zur echten Kunst.

Um zum Beweise überzugehen, daß die Liebe den Liebenden nicht zum *Verderben*, sondern zum *Heil* gereicht, muß vom Allgemeinsten ausgegangen werden: von der Erkenntnis der *göttlichen* und der *menschlichen Seele*, ihrem Tun und Leiden, deren die Liebe eines ist.

Es folgt die Definition der *göttlichen* Seele. Sie sei das sich selbst Bewegende, das ewig Seiende, Unentstandene. Man fühlt sich an dieser Stelle ganz in die Sphäre der Ethik Spinozas versetzt, es sind fast die gleichen Sätze über Gott: »Unter Substanz verstehe ich das, was in sich ist und durch sich begriffen wird.« Hier tritt auch klarer und plastischer als im Phädon die große Konzeption der Allseele hervor, und es erweist sich fraglos, daß unter Unsterblichkeit nicht *Dauer*, sondern *Ewigkeit* zu verstehen ist. Von hier aus leitet Plato hinüber zur Untersuchung der Beschaffenheit der *menschlichen* Seele, die er als Gleichnis der göttlichen darstellt. Hier beginnt jener erhabene, feierliche Mythos von der menschlichen Seele, ihrer Präexistenz, von der Schönheit als Symbol und von der Liebe, dem göttlichen Trieb der Sehnsucht nach jener im Himmel erschauten vollkommenen Schönheit.

Die Seele wird mit einem befiederten Gespann und einem Führer verglichen. Gespann und Führer der Götter sind von *einheitlicher Natur*, vollkommen, gut. Die menschliche Seele hingegen besteht aus einem Führer und Doppelgespann, wovon das eine Roß gut, das andere böse ist. Unter solchen Umständen hat es der Führer nicht leicht mit der Lenkung. Wir verstehen, daß die beiden Rosse den geistigen und den sinnlichen Trieb repräsentieren, der Führer die leitende Vernunft. Wieder greift der Mythos auf den Gottbegriff zurück, um den Unterschied zwischen ewig und dauernd zu *veranschaulichen*: »Den Beinamen *unsterblich* erhält Gott nicht aus irgend *erwiesenen* Gründen, sondern wir bilden uns, ohne Gott weder gesehen noch *hinlänglich erkannt* zu haben, die Vorstellung von einem unsterblichen, lebenden Wesen, das *eine Seele und einen Leib* für ewige Zeit miteinander vereint hat.« Aus dieser Erklärung geht noch reiner als vorhin Platos Gottbegriff hervor, der sich mit dem spinozistischen durchaus deckt: die Substanz und ihre zwei Attribute.

Diese vollkommene göttliche Seele ist *befiedert* und kann daher *das ganze Weltall* durchschweben, im Gegensatz zur unbefiederten Seele, die so lange herumflattert, bis sie auf etwas Festes stößt und einen Leib annimmt. Dieses so aus Leib und Seele zusammengesetzte Wesen ist sterblich.

Ich muß mich bei Beschreibung all dieser Allegorien fast buchstäblich an den Text halten, da die Überspringung eines Symbols das ganze Bild verändern und die geniale Konstellation der Ideen verschieben würde.

Es wird nun die Natur des »Gefieders« beschrieben, das die Seele zu den Göttern führt und am meisten Anteil hat am Schönen, Weisen, Guten, von dessen Anblicke es sich nährt und wächst. Vom Bösen, Häßlichen, Unvernünftigen hingegen schwindet es. *Dieses Gefieder, die geistige Schwungkraft*, der Trieb zum Ewigen, Unendlichen, die göttliche Sehnsucht, ist es nicht *Eros* selbst, der mystische Liebesdrang?!

Zeus, der höchste Himmelsherrscher und *Gott der Weisheit*, zieht nun als *erster* auf seinem geflügelten Wagen die Himmelsbahn hinan, alles ordnend. Ihm folgt die Schar der Götter, jeder das Seine verrichtend, und alle Herrlichkeiten werden hier geschaut. Wer von den sterblichen Seelen sonst *will* und *kann*, folgt. Zur höchsten steilen Himmelswölbung fahren die Götter mühelos empor, die sterblichen Seelen aber nur mit äußerster Anstrengung, da das böse Roß sie hindert. Die unsterblichen Seelen steigen bis zum Rand hinan und, auf dem Rücken des Himmels stehend, *schauen* sie, was *außerhalb* des Himmels ist. Jener überhimmlische Raum aber ist das farblose, gestaltlose, stofflose, wahrhaft seiende Wesen, das nur der Führer (die Vernunft) erschauen kann. Von den sterblichen Seelen jedoch konnten nur jene bis zum äußersten Rand folgen, die dem Gotte, dem sie nachstrebten, am ähnlichsten waren. Auch diese wurden von den Rossen in Verwirrung gebracht, und das Haupt ihrer Führer konnte nur mit Mühe das Seiende erschauen. Andere weniger Gottähnliche erblickten nur einiges von der Wahrheit. Alle übrigen Seelen streben zwar auch empor, doch fehlt es ihnen an Kraft, sie bleiben unten, wo Getümmel, Neid, Wettstreit entstehen, wodurch viele Seelen beschädigt werden. Sie verlassen den Himmel, ohne die Wahrheit voll geschaut zu haben, und nähren sich nur von »Meinung«. Wer am meisten geschaut hat, wird ein Freund der Weisheit, des Schönen und der Liebe. Und so wird jedem je nach dem Geleisteten in der Präexistenz seine Rolle im Leben zugewiesen: König, Kriegsherr, Staatsmann, Kaufmann, Arzt, Mystiker, Dichter, Landmann, Handwerker, Sophist und Tyrann.

Die Deutung dazu fällt nicht schwer, um so mehr als diese Bilder kaum zweierlei Deutung zulassen. *Der Weisheit gebührt der oberste Rang, die Hauptrolle.* Hier ist zum ersten Mal in allegorischer Form der *zentrale Punkt* dieses Werkes angedeutet. Das *Streben* nach Wahrheit ist wohl in allen, nicht aber das *Können*. Von den Affekten abgelenkt, gelingt es fast keinem Menschen, dem philosophischen Zuge bis zur höchsten Erkenntnis zu folgen. Das im Gleichnis Räumliche des *Unten und Oben, Diesseits und Jenseits*, lautet in unsere *begriffliche* Sprachwelt übertragen: *Materie*, Sinnenerfahrung *gegen Geist* und: *Gattungsdenken gegen Sub*

stanz. Denn nur so kann der himmlische und außerhimm-
lische Raum sinnvoll verstanden werden: im Himmel sind
alle Seelen vorhanden, d. h. alle Gattungen und ihre Ideen,
Vorbilder. Jenseits aber, wohin nur die *Götter* (das von *jeder Sinnenerfahrung ganz losgelöste Denken*, das es ja *nicht geben
kann*, das also nur Idee ist) mühelos *hineinsehen können*, ist
die Wahrheit des Unendlichen, Ewigen, Gestaltlosen,
Stofflosen, *Seienden*. Wenige können den wahren Allzusammenhang erfassen, das Absolute Sein klar denken.
Doch alle waren im Himmel und hatten einen Blick in den
überhimmlischen Raum geworfen; *alle streben nach oben*,
alle *wollen* die Wahrheit. Mit dem *Können* beginnt der *Unterschied*, die Unterscheidung der verschiedenen Arten der
Seelen, die *Individualität*.
Aus diesem Mythos steigt der Wunderbaum der platonischen Lehre empor: Stamm ist die Grund-Konzeption,
die Idee der Ideen, das Seiende, die Substanz, der au-
ßerhimmlische Ort. Die Äste sind die Ideenlehre, das
Gattungsdenken (die Attribute). Das Laub sind die Indi-
vidualitäten der unendlichen Einzeldinge, Modi, und
Einzelseelen deren jede menschliche ihren *Beruf*, d. h.
ihre besondere *Anlage* mit auf diese Welt bringt. Ohne
das Gefieder, ohne Schwungkraft: Schwung und Kraft –
Trieb und *Können*, bleibt einem das Allerheiligste der
Wahrheit verschlossen. Die beiden Extreme menschlich-
geistiger Möglichkeiten sind: die entfiedert Hinabge-
stürzten, die nur eine ganz ferne Ahnung vom Seienden
haben, und der Zeusjünger, der Philosoph, der Prototyp
menschlicher Vollkommenheit. Bei der plastischen Schilderung dieses Getümmels der Entfiederten steigt uns die
Vision des grandiosen Freskos von Michelangelos »letztes
Gericht« auf.
Sokrates fährt fort. »Eine Seele, die *nie* die Wahrheit erblickt hat, kann nie in menschliche Gestalt übergehen,
denn der Mensch *muß nach Gattung Ausgedrücktes* begreifen,
das als *Eines* hervorgeht aus vielen durch den Verstand zu-
sammengefaßten Wahrnehmungen. Dies aber ist die *Erin-*

nerung an das, was einst unsere Seele geschaut hat, als sie der Gottheit nachwandelte und als sie zu dem *wahrhaft Seienden das Haupt emporgerichtet hatte.*« Da der Philosoph am intensivsten unter allen Menschen sich jener Erinnerung hingibt, so wird auch eigentlich nur seine Seele ganz befiedert.

Diese Sätze sind ja bereits von Plato aus der mythischen in die philosophische Sprache übertragen, so daß mir nur in spinozistisch-brunnerischer Terminologie hinzuzufügen bleibt: Menschsein heißt bei Plato 1. in Ideen und Begriffen denken und 2. die Erinnerung, d. h. die Besinnung haben auf die absolute Wahrheit, die wir vor unserem Leben waren und nach unserem Leben sein müssen, nicht sofern wir Modus und Attribut, sondern sofern wir Substanz sind. Keiner aber wie der Philosoph vermag die Dingewelt so restlos in Begriffe und Abstraktionen zu fassen und die Täuschung und Vielheit der unendlichen Einzelwesen als das ununterbrochene, ungebrochene, unendliche, ewigsich-gleichbleibende Eine Sein zu erkennen. In ihm reift die Liebe zu Gott: das Gefieder.

Nach dieser fundamentalen Darstellung der letzten Ursachen und der Merkmale der seelischen Sphäre und der Vorbedingungen zum erotischen Erlebnis tritt Plato in die letzte Phase und *eigentliche* Rede über die *Liebe.* Und dies ist keine *Rede* mehr, es ist ein Hohelied, mächtiger, tiefer und würdiger als dieses, das flammende Bekenntnis eines mystischen Dichters. Drei Wahnsinnsarten wurden uns schon genannt. Die vierte Art, und Plato nennt sie die »edelste«, des Wahnsinns ist jene, die *beim Anblick der irdischen Schönheit* sich der *vollkommenen himmlischen erinnert* und neubefiedert wird – *die Liebe.* (Denn wir haben das einst geschaute Heilige vergessen, und das Symbol der Schönheit weckt die Erinnerung daran.) In wem jene Erinnerung und die Sehnsucht nach ihr verdunkelt ist, den wird keine Ehrfurcht beim Anblick der Schönheit ergreifen, und er wird nur seinen Geschlechtstrieb zu befriedigen trachten. Der Geweihte hingegen, in dem noch die

Sehnsucht lebendig ist, erschauert in seinem Innersten bei Anblick eines gottähnlichen Ebenbildes, er fühlt sich in den Himmel zurückversetzt, glaubt Gott selbst zu sehen und betet es an wie ein Heiligenbild. Durch diese Fieberwelle aber schmilzt alles, was die Poren des Gefieders umkrustete, und dieses blüht aufs neue auf.

Beim Anblick der irdischen sich der vollkommenen himmlischen Schönheit *erinnern*, das ist in unser Sprachmilieu versetzt: die erotische Verzückung ist das *Symbol* der *göttlichen Liebe*, des Amor Dei, ist der schöpferische Trieb zur Wahrheit. Eros – die *platonische* Liebe: ist die Weisheitsliebe und Wahrheitsliebe, die geistige Hingabe an Gott, die mystische Verschmelzung mit ihm. Der *tiefer* von der Liebe Berührte gerät über das Liebesobjekt hinaus in einen Seligkeitsrausch, in dem er sich wundersam mit allem Seienden verschmolzen fühlt. Die *Erinnerung* – ist sie nicht die Besinnung auf das, was wir *in Wahrheit sind*? Denn wohl *sind wir* das Absolute, unsere Sinne aber gaukeln uns eine andere, bunte, kreisende Wirklichkeit vor, so daß wir unser ursprüngliches Wesen *vergessen* haben. Eros, die selige Besinnung, bringt uns zu unserem wahren *Selbst* zurück. Das innigste Organ, das Auge, gibt uns in der äußeren Schönheit am sinnfälligsten ein Gleichnis der Idee, des Vollkommenen. Wer der Besinnung nicht fähig ist, erblickt in der körperlichen Schönheit nur das *Ding*, und Ding ist Speise, Egoismus, Relativität. Ihn führt das dingliche Objekt nicht über die äußere Erscheinung hinaus und hinauf in die höhere Sphäre des Absoluten. Dem Sehnsüchtigen, Nichtabgestumpften hingegen ist das erotische Erlebnis ein Aufgewühlt- und Hinausgeschleudertwerden aus seinem dinglichen Ich in das Reich der andern Welt. Er erschauert, ist verzückt, verlangt nichts, will sich verschenken, er blüht geistig. *Beide* Gefühle nennen wir *Liebe*, aber welch ein Unterschied in Wesen und Wirkung: Hunger/Speise gegen Sehnsucht-Ekstase!

Sokrates macht realistische Malerei: der psychische Zustand eines Verliebten, das Himmelhochjauchzende, Zu-

Tode-Betrübte seiner Schwärmerei wird farbig geschildert. Und überall zeigt das Bild die doppelte Beziehung zum Liebesobjekt und darüber hinaus zum Ko[s]mischen. Die Gewalt solchen Erlebens wird allerdings zur Folge haben, daß der Liebende alle praktischen Interessen, wie Familie, Vermögen – ja sogar dieses Zugeständnis macht Plato: Sittlichkeit und Anstand, soziale Verpflichtungen – darüber vernachlässigt. Liebe ist die höchste geistige Forderung, das tiefste sittliche Ideal, neben dem alles Weltliche zurücktreten darf!

Aus dem Wesen solcher Liebe wird auf ihre Wirkungen, auf ihr Verhalten geschlossen. Je nachdem zu wessen Gottes Gefolge er gehörte, wird der eine sanftmütig und standhaft alle Schmerzen der Liebe ertragen, der andere den Geliebten im Zorne sogar ermorden. So auch wählt jeder nach *seiner besonderen* Natur den *Gegenstand* seiner Liebe und verehrt in ihm das Symbol *seines* Gottes, seines Ideals. Der Zeusjünger, der Weisheitsliebende sucht einen Menschen, der zum Philosophieren und Herrschen veranlagt ist. Die Liebe zu ihm wird ein inspirierender Faktor in seinem Leben, der ihn antreibt, sich selbst und den Geliebten dem Ideale so ähnlich wie möglich zu machen, und der Geliebte wird ihm um so teurer, als ihm dies gelingt und er in ihm den Anlaß zur Besinnung und Vervollkommnung sieht. Hier erklingt das Motiv der *geistigen Wahlverwandtschaft*, jener bis in die letzte Möglichkeit seelischer Belange reichenden Affinität: mit Brunner: die geistige Gemeinschaft. Neid und Mißgunst sind hier ebenso ausgeschlossen, wie bei Spinoza der Weise das höchste Gut nicht für sich allein begehrt. Der Geliebte sieht, daß *sein Wesen*, nicht nur sein Körper, geliebt wird, er erkennt die edle Absicht des Liebenden, es entsteht in ihm die *Gegenliebe*, um so mehr als auch er aus jener Wahlverwandtschaft heraus zum Freunde sich hingezogen fühlt. Der Liebreiz, der Reiz der Liebe, strömt vom einen zum andern, hüllt sie in ein Mysterium, beide erblühen aneinander: ihr Gefieder sprießt heraus. So vereinigen sie sich denn in liebender

Freundschaft, üben Selbstbeherrschung und Tugendhaf-
tigkeit, streben gemeinsam der Weisheit nach und bezwin-
gen den sexuellen Trieb so weit als möglich, denn selbst
die platonische Forderung der Askese muß zugeben, daß
sogar der Weiseste seine Affekte nicht *absolut* beherrschen
kann. So der Zeusanhänger. – Die anderen alle werden
ihre Ideale jeder nach dem Grade seiner individuellen Erkenntnis*fähigkeit* realisieren. –

»Solcher *göttlichen* Vorteile«, schließt die zweite Rede,
»wirst Du, schöner Knabe, durch den Verliebten teilhaf-
tig, während Dir der Nichtverliebte nichts als klägliche,
vergängliche Vorteile bringen kann, die die Menge als Tugend anpreist.«

Und Sokrates bittet Gott Eros, ihm die erste Rede zu vergeben und ihn des Schönen würdiger zu machen.

In kurzer Rückschau will ich auf das elementar Gegensätz-
liche der beiden sokratischen Reden hinweisen: Während
die erste Rede die Liebe als *sexuelle Gier* beschreibt und ein
moralisierender Nichtverliebter seinen Geliebten auffordert, auf ihn, die nüchterne, hausbackene, egoistische
Vorteile suchende »Vernunft« zu hören, wird der *Trieb* in
der *zweiten Rede* zum *heiligen Drang nach Wahrheit sublimiert*,
und die Liebesvereinigung wird hier zum *schöpferischen Akt
mystischer Einswerdung mit dem All*, von dem das schöne
Antlitz nur mahnendes Gleichnis ist. Nimmt dieses Göttliche körperliche Gestalt an, so entsteht eben diese platonische Form der hingebenden Liebesfreundschaft, die Antrieb und Stimulus ist zur Selbstvervollkommnung und
geistiger Wirkungskraft.

Dementsprechend ist die *Form* der beiden Reden. Die erste von anonymer Quelle stammende (da sich Sokrates mit
ihr *nicht* identifiziert) ist in *nüchternem* Tone gehalten, der
Natur des Nichtverliebten angemessen. Die zweite Rede
hingegen ist voller Schwung, dichterischer Gestaltungskraft und mystischer Innigkeit. Die Sprachgewalt der
zweiten Rede, die den Mythos bis zum Höhepunkt der
außerhimmlischen Herrlichkeit hinansteigert, um dann

mählich zum Symbol hinabzusteigen, wird einem *Dichter* in den Mund gelegt. Dies kann bei Plato nichts Zufälliges sein, *vielmehr identifiziert er sich* hier mit dem Dichter, was ein Licht wirft auf Platos *Stellungnahme* zur *Dichtkunst*, die nicht als unbedingt *ablehnend* anzusehen ist.

Im allgemeinen muß noch auf die doppelte Bedeutung dieses Mythos aufmerksam gemacht werden: einerseits als Illustration zum folgenden Teile des Werkes, wie sich bald zeigen wird, und andererseits sofern sich hier in allegorischer Form *alle Ansätze zur platonischen Philosophie* finden: *die Ideenlehre als die im Himmel erschauten Vollkommenheiten*; die Idee der Idee als das wahrhaftig Seiende des außerhimmlischen Ortes; die platonische Liebe, welche Weisheitsliebe ist; und die Erinnerung als die in uns ruhenden Denkgesetze und die Besinnung auf den Allzusammenhang.

2. Teil

Der 2. Teil beginnt in sachlichen Worten über Rede und Redekunst.

Die platonische Dialogform setzt ein. Die erste Behauptung Sokrates' ist, daß das Redenschreiben *an sich* nichts Häßliches sei, sondern nur dann häßlich wird, wenn man sich schlecht und häßlich ausdrückt. Sokrates scheint also vorderhand nur die *Form* der Rede zu interessieren. Er dringt darauf, zu untersuchen, welches die *Methode* einer richtigen Rede sei. Und schon macht er den kühnen Sprung ins Stoffliche und stellt die Forderung auf: Der *Redner müsse* doch wohl *das Wahre* von dem wissen, worüber er spreche, worauf ihm Phaidros entgegenhält, der Brauch sei, daß der Redner nicht wissen müsse, was wahrhaft gerecht sei, sondern nur, was den *Eindruck* davon macht, um die Menge zu seinen Ansichten zu überreden.

Hier haben wir den Auftakt zum Problem dieses Teiles.

Platos ganze Empörung über solche rohe Auffassung ballt sich in geistvolle Ironie zusammen, aus der er gleich das erste Beispiel als Replik holt: Wer aus Unkenntnis das Pferd für das Tier mit den längeren Ohren hält und solches anderen einzureden vermag, muß er den so Überredeten nicht schaden, wenn er ein Pferd für bestimmte Dienste braucht? Um wieviel größeren Schaden wird ein Redner dem Gemeinwohl stiften, der das Gute und Böse nicht kennt und einen ebenso unwissenden Staat überredet, ein Übel sei ein Gut! Dies gibt Phaidros zu. Daraus folgert Sokrates, daß ohne jede Vorbedingung die Redekunst keine Kunst, sondern ein bloßes Handwerk sei, und er schickt sich an, Phaidros zu überzeugen, daß nur mittels Philosophierens der Redner etwas Gründliches zustande bringen werde.

Die erste Bestimmung der Redekunst ist, daß sie eine Seelenleitung durch Reden ist, nicht nur in öffentlichen Versammlungen, sondern auch im Privatleben; wodurch sie Sokrates aus dem Prokrustesbett der Politik heraushebt in den unendlichen Raum aller sprachlichen Äußerung. Die Wirkung der Redekünstler bestand in einer Suggestionskraft, die der Masse dieselbe Sache als gerecht und ungerecht, ähnlich und unähnlich vorgaukelte. Wann entsteht solche Täuschung? Doch wohl eher bei Dingen, die *wenig* voneinander verschieden sind, als bei solchen, die größere Verschiedenheiten aufweisen. Durch kleine unmerkliche Übergänge gelangt man demnach leichter zum Gegenteil als durch große. So muß, wer täuschen und vom Wahren zum Gegenteil hinüberleiten will, die Ähnlichkeit und Unähnlichkeit der Dinge genau kennen.

Soweit die *deskriptive* Theorie. An Hand der gewonnenen Kenntnisse schlägt Sokrates vor, die drei Reden auf ihre Kunst oder Kunstlosigkeit hin zu prüfen. Es folgt der *demonstrative* Teil. Von den lieblichen und leuchtenden Gestalten des Mythos noch umhaucht, ernüchtert uns Sokrates plötzlich mit der Behauptung, jene Reden seien Beispiele dafür, daß der, der das Wahre kennt, seine Zuhörer leicht irreleiten kann.

Zuerst will Sokrates die Rede des Lysias untersuchen. Phaidros liest den Anfang wieder vor. Sokrates beginnt die Beweisführung von einer anderen Seite: Über welche Dinge sind die Menschen der gleichen, über welche verschiedener Meinung? In konkreten Dingen wie Eisen, Silber usw. stimmen wir überein, in abstrakten (gerecht, gut) nicht. Täuschen können wir naturgemäß besser, wo die Meinungen schwanken. Diesen wesentlichen Unterschied muß der Redekünstler *methodisch* feststellen und beide Begriffsarten streng auseinanderhalten, um täuschen zu können. Daß die Liebe zu den strittigen Dingen gehört, ersehen wir schon daraus, daß sie in den beiden Reden das eine Mal als Verderben, das nächste Mal als das höchste Gut dargestellt wurde. Sokrates tut vergeßlich. Habe er am Anfang seiner Reden die Liebe definiert, um den ganzen Gedankengang auf diese Grunddefinition aufzubauen – und habe dies auch Lysias getan? Phaidros antwortet naiv: »Beim Zeus, du tatest dies in vorzüglicher Weise, Lysias hingegen nicht.« Sokrates weist nun mit aller Schärfe einer vernichtenden Kritik nach, daß die Rede des Lysias sowohl inhaltlich leer sei, da sie nichts Prinzipielles über das Wesen des behandelten Gegenstandes aussage, sondern nur Gemeinplätze aufzähle, als auch der Form nach unkünstlerisch, weil es ihr an logischer Gliederung und geordnetem Aufbau mangele. Sie beginne mit dem Ende und zeige nicht jene organische Struktur, die man von einem Kunstwerk fordern muß.

Sokrates geht zur Untersuchung der eigenen Reden über. Beide sagten Entgegengesetztes aus. Die zweite behandelte die Liebe als einen göttlichen Wahnsinn. Man müsse nun feststellen, wie der Übergang von Lob zu Tadel gemacht wurde – das Ganze komme ihm wie ein heiterer Scherz vor. Wieder erleiden wir einen Schock. Diese ironischen Bemerkungen über jene erhabenen Konzeptionen werden leichthin als Scherz abgetan und sollen lediglich

Folie, Illustration zur theoretischen Untersuchung sein?!
Doch man muß Sokrates kennen, um zu wissen, daß auch
dieses Bagatellisieren des Erhabenen nicht ernst ist und
daß die Behandlung der Reden als ein nur zur besseren
Orientierung verwendetes Material eine weitere Station
seiner Darstellung findet. Freilich will er damit die Auf-
merksamkeit des Hörers, die bei jener Rede haftengeblie-
ben war, davon abziehen und zur eigentlichen Absicht dieses Dialoges hinlenken.

An den zwei von ihm gehaltenen Reden zeigt Sokrates, daß
es zwei Methoden gibt, nach denen eine richtige Rede ge-
baut sein muß,

1. den Gegenstand der Rede in einen alles Einzelne umfassenden Begriff zu vereinen, von dem ausgehend man das
Weitere folgern kann, und

2. den Gegenstand gliederweise zu zerlegen, die begriffliche Analyse.

So haben die beiden Reden den Liebeswahn als eine unserer Natur innewohnende Gefühlsgattung aufgefaßt. Im
selben Körper ist aber Entgegengesetztes und Gleichbe-
nanntes von Natur aus vorhanden. Was dem Namen nach
das *Gleiche* ist, vermochte die *richtige Denkmethode* als zwei
von Grund auf verschiedene Begriffe zu zeigen. Beide Reden gehören demnach der richtigen Methode an.

Solche Begriffsbildungen, Trennungen und Zusammen-
fassungen, die Sokrates zum richtigen Denken und Reden
unerläßlich sind, nennt er Dialektik. Phaidros fragt, was
demnach die Rhetorik sei. Diese nun entpuppt sich als die
bloß äußere Form der Rede, ohne philosophisches Rück-
grat und ethischen Gehalt. Eine ermüdend lange Reihe
von rhetorischen Formen wird aufgezählt, ihre Kniffe und
Tricks, durch rein äußere Mittel Scheinwirkungen zu erzielen. Solches Machwerk ist nicht Kunst, sondern Handwerk.

Aber Phaidros ist blind wie die Menge. Der Geist Sokrates' kommt nicht über ihn trotz aller Hinweise. So muß
Sokrates wieder zu Beispielen seine Zuflucht nehmen: ist

wohl derjenige ein Arzt, der verschiedene Mittel zum Erbrechen, Stuhlgang usw. kennt? Er muß wissen, wann und bei wem diese anzuwenden sind, meint Phaidros. Jene Wissensdata sind eben nichts als die nötigen Vorkenntnisse zur Heilkunst. Ebenso verhält es sich mit den Formen der Redekunst. Diese Hüllen werden mit dem wahren Wesen der Redekunst von Unwissenden verwechselt. Sie können aber nur *Bausteine* zur Architektur der Rede sein.

Mit der Frage des Phaidros, wie man sich die Kunst der wahren und überzeugenden Rede *aneignen* könne, treten wir in die letzte Phase des Gesprächs. Es stellt sich heraus, daß *hier* die Führung von Sokrates zu Ende ist. Er kann ihn nur bis zur *Grenze* des gelobten Landes führen und ihm alle Wege und Herrlichkeiten dort *beschreiben*, für ihn *hingehen* kann er nicht. Wer dort wohnen will, muß selbst *gehen können*. *Das Können*, *die angeborene Begabung*, der künstlerische, philosophische Trieb sind die Bedingungen. Dazu kommen noch die erforderlichen Kenntnisse und Übung. Ohne jene *Grundlage* aber kann es keine rednerische Vollkommenheit geben. Wir werden gewahr, daß alles hier Gesagte zu den Motiven der Sokratischen Reden zurückgreift, diese wieder aufnimmt und nach Notwendigkeit ausgestaltet und variiert. In der natürlichen Anlage zum Reden erkennen wir mühelos die zauberhaften Klänge aus dem Jenseits, unsere in der Präexistenz verschieden gebildeten Naturen.

Noch immer begreift Phaidros nicht. Sokrates faßt das Gesagte zusammen: Alle echten Künste müssen sich über die Natur klar werden. Wie der Arzt die Natur des Leibes genau kennen muß, so der Redner die Natur der Seele. Das Wesen der Seele aber kann man ohne Erkenntnis des Allwesens nicht verstehen. Um ein Ding zu erkennen, müssen wir dessen Merkmale untersuchen, ob es einfach oder vielgestaltig ist. Wenn einfach, welche Kräfte in ihm innewohnen, auf welche Dinge es wirkt und welche Einwirkungen es aufnehmen kann. Wenn es mehrere Arten hat, so muß man diese richtig unterscheiden können und feststellen, was sie bewirken und erleiden können. Dies alles muß, wer *kunstgemäß* (d. h. erkenntnisgemäß) reden lehren will, wissen und aufzeigen.

Der echte Redekünstler, um die Seele richtig zu leiten, muß daher folgende Bedingungen erfüllen:

Vor allem die *Anlage* zum Philosophieren und Reden besitzen.

Eine Idee vom Ganzen der Natur, eine Idee Gottes haben.

Ferner muß er Psychologe sein und wissen, wie viele Arten von Seelen es gibt und wodurch sie sich voneinander unterscheiden, wie viele Arten von Reden existieren, wie jede beschaffen ist, und welche Rede auf jede Seele anzuwenden ist.

Denn hier geht es nicht um Theorie und Bildung, sondern um lebendige Wirkung und Erziehung. Außerdem soll der Redner auch die mannigfachen Regeln der Technik des Sprechens beherrschen: wann zu beginnen, wann aufzuhören, wann kurze, wann lange Reden am Platze sind, usw. Mit andern Worten: die wahre Redekunst ist *die durch dialektische Reden bewirkte philosophische Erziehung der Jugend zu Tugend und Weisheit.*

Phaidros muß dies alles bejahen. Aber man hört ihn, den oberflächlichen Ästheten, förmlich seufzen, »dies ist aber keine leichte Aufgabe!«, und schon hat er alle von Sokrates erbrachten Beweisgründe wieder vergessen. Milde erinnert ihn Sokrates an die vorgebrachten Beweise. Und dies, schließt er, muß der Redner tun, nicht aus Eitelkeit oder um persönlicher Vorteile willen, sondern um nach dem Willen der Götter zu handeln, das heißt aus der *geistigen Notwendigkeit seiner Natur heraus.*

Dieser lange mühselige Weg ist der einzig wahre: »Alles Erhabene ist ebenso schwierig wie selten.«

Eigentlich ist hier der Dialog zu Ende. Ehe ich mich der nun einsetzenden Polemik gegen das geschriebene Wort zuwende, möchte ich einen Rückblick auf diesen 2. Teil werfen und seinen Zusammenhang mit dem 1. Teil feststellen.

Der sachlich kühle Ton, der polemische Charakter aller Ausführungen des zweiten Teils erwecken zunächst den Eindruck, als sei diese negative Haltung gegen die Redekunst und überhaupt gegen die Kunst der Sinn des Werkes. Unmerklich aber, wie an den beiden Reden gezeigt, werden wir von einem Gegensatz zum anderen hingeleitet: von der protzig-geblähten bombastischen Rhetorik zur *Idee* der Redekunst, zur *Philosophie*: Plötzlich ändert sich der Tonfall – wird *Pathos* und geistige *Forderung*: um des göttlichen Lebens willen! Uns wird klar: Alles Bisherige war Weg, dornig, steinig und blumig, sonnig: *hier* aber sind wir am Ziel. Dies ist der Sinn, der Triumph und die Feier: das *wahre Denken: Philosophie* und *Liebe* zu ihr, *zur Wahrheit*. Endlich haben wir den Ruhepunkt gefunden, den zentralen Pol, um den alles in geordneter Bewegung kreist, sich zu einem organischen Ganzen zusammenfügt. – Von hier aus können wir die Wechselbeziehung der beiden Teile klar überschauen:

Die *theoretische* Forderung des Sokrates an eine richtige Rede ist ihre Unterwerfung unter die *dialektische Denkmethode*: Der behandelte Gegenstand muß zuerst nach *Wesen und Ursprung* erkannt werden. Das ist die uns wohlbekannte *deduktive* Methode Spinozas: Dazu gibt es drei *Illustrationen* der drei Reden. Die erste des Lysias wird als die falsche, *unmethodische*, nicht auf allgemeine Begriffe und Erkenntnisse gestützte verworfen. Sie gibt Meinung statt Erkenntnis, Rhetorik statt Kunst. In unserer spinozistischen Terminologie: diese Rede ist aus der »experientia vaga« geschöpft. Die zweite Rede, die zum gleichen Resultat wie die erste führen will, zur Verachtung der sexuellen Leidenschaft, geht von der Definition der Liebe im Sinne von *sinnlicher Leidenschaft* aus, zeigt ihre verschiedenen Merkmale und die daraus sich ergebenden Auswirkungen auf. Diese Rede nun befaßt sich nur mit der »linken« Seite der Liebe, und von diesem kleinen, körperlichen, relativen

Gefühl sagt sie in logischer Folge alles ihm Gemäße richtig aus. Diese Rede kann also jemand halten, der die Natur der Liebe kennt und weiß, daß diese nur ihre *Schattenseite* ist, doch um eine erzieherische Wirkung hervorzurufen, nämlich die Bändigung der körperlichen Leidenschaft, muß er, indem er die Ähnlichkeit der zwei Arten von Liebe benützt, den Schein der Täuschung zu erwecken, von dieser Liebe *so sprechen, als ob sie* auf Wahrheit beruhe, welche Täuschung eben nur mit solchen *abstrakten* Begriffen, *wie die Liebe*, die zu den strittigen Dingen gehört, hervorgerufen werden kann. Wieder in unsere Terminologie übersetzt: dies ist der Weg der *Ratio*.

Unmerklich aber, wie theoretisch im 2. Teil gezeigt, führt das Wissen vom Ähnlichen von einem Extrem zum andern, von der linken, der Schatten- und Scheinseite, zur Sonnen- und Seinseite der Liebe, die als das eigentliche und *wahre* Wesen der Liebe dargestellt wird. Solch eine Rede wird wohl einem zur Philosophie neigenden Jüngling gehalten werden. Der Mythos hat aber außer dieser unmittelbaren Bedeutung noch den mittelbaren Sinn, darauf hinzuweisen, daß ebenso wie die *Liebe* sich ihrer Natur und Bedeutung nach grundhaft unterscheidet von der kleinlichen Nutzen und sexuelle Lust suchenden der ersten Rede, ebenso unterscheidet sich die Hoheit der Philosophie von der kleinlichen, nicht aus dem *göttlichen Trieb* entsprungenen, sondern auf eitlen Ruhm und Gewinn gehenden Rhetorik.

Allen Forderungen, die der zweite Teil an die Dialektik stellt, wird in der zweiten Rede entsprochen. Zunächst wird das *Wesen* des Themas, die Liebe, definiert, nachdem zuerst das Wesen dessen, von dem sie nur ein Ausdruck ist, die Seele, untersucht wird. Anders als im Phädon wird *hier* die *individuelle* Seele von der *absoluten* Substanz-Seele auseinandergehalten, jene als ein vergänglicher Funken dieser gezeigt, die das unsterbliche, immerschaffende Sein ist, in sich und durch sich ist, Ursprung alles Werdenden. Nachher werden die verschiedenen Naturen nach den Vorbildern ihrer Götter gezeichnet, um die verschiedenen Arten der Seelen darzustellen: so z. B. sind die Zeusjäger, die zur Philosophie veranlagten Seelen usw. Doch mit solchen theoretischen Feststellungen ist die Aufgabe der Philosophie noch nicht erschöpft: es geht um lebendige *Wirkung*, um Herzensbildung, um das Wecken und Heraufheben dieser geistigen Werte ans Licht des Erlebens. Es geht um die *Liebe* der Seele zur Wahrheit. Und wieder sind wir bei der eigentlichen letzten Absicht dieses Werkes angelangt. Wie uns zuerst als Mythos die Gestalt eines von Eros Berührten plastisch vor Augen tritt, wie der von Schönheit des Geliebten bis ins *innerste Wesen* Erschütterte jener vollkommenen himmlischen Schönheit sich erinnert, wie solches Liebeserlebnis zum Symbol einer höhern mystischen Erlebnisgattung und zu dieser emporgesteigert wird, wie der Erschauernde und so Verwandelte geistig erblüht, seine Sexualität sublimiert und diese, wenn auch nicht absolut beherrscht, doch so weit als möglich in Schranken hält (denn er ist auch Körper und kann die Sinneslüste bei intensivster Gotterfülltheit nicht *aufgeben*, sondern nur *modifizieren*), wie der so Erschütterte zur wahren Selbstbesinnung kommt, wie die echte Liebe dynamische Kraft wird, Selbsterziehung, nicht nur auf sich selbst bezogen bleibt, sondern ihr Streben erstreckt auf das Du, auf den Geliebten, den er gleichfalls zur Erkenntnis Gottes führen will und auf diese Weise auch in jenem die Gegenliebe – die Wahrheitsliebe – erweckt, wobei das geheime Gesetz der Wahlverwandtschaft, der gleichen geistigen Anlagen in Erscheinung tritt, wie also jener echt Liebende im Mythos sich verhält, so lautet die *letzte* Forderung des zweiten Teils und der heiligerhabene Sinn des ganzen Dialogs: der echte Redekünstler, das ist der Philosoph, ein die Weisheit *Liebender*, und er wird nicht nur nach einer Vervollkommnung trachten, sondern auch seine Schüler, deren Naturen und Eignungen er erkennen muß, mit Einsetzung seiner *ganzen Persönlichkeit* zur Wahrheit hinlenken, und dies nicht um der äußeren Form, des

Ehrgeizes oder egoistischer Vorteile willen, sondern um der Erkenntnis und des *göttlichen Lebens* willen!

Hier findet sich auch die Illustration zur Frage nach dem Wesen der *Kunst* überhaupt. Die drei Elemente, aus denen sie nach der Forderung im zweiten Teil bestehen soll, *natürliche Anlage*, *Wissen* und *Übung* sehen wir im Mythos als die individuellen geistigen Eigenarten der Seelen, von denen nur ein kleiner Teil dem Zeus folgen kann, einerseits, und als Selbsterziehung und Vervollkommnung des Geliebten andererseits. Der ungeheure Beziehungsreichtum, der beide Teile durchzieht, hat alle Gedanken in einem Zentralpunkt verknotet. Der Kreis ist geschlossen.

Wenn die erste Rede aus der Imaginatio, die zweite aus der Ratio hervorgegangen, so ergibt die Struktur und der Gehalt der dritten Rede, daß sie aus dem Reich der Intuitio stammt. Ich glaube, daß diese Analogie mit der spinozistischen Terminologie hier durchaus zulässig ist, da sich der platonische Begriff der Dialektik deckt mit den spinozistischen Definitionen der Ratio und Intuitio. Und ebenso wie Spinoza die Begriffe beider als adäquat bezeichnet, gibt uns auch Plato in seinen *beiden* Reden Modelle *richtiger dialektischer Reden*, das bedeutet, daß die Dialektik beide Gebiete umfaßt: das begrifflich wissenschaftliche Denken und das intuitive Gotterlebnis.

Es bleibt mir nur noch übrig, über Platos Stellung zum *Schreiben* und zur Dichtkunst zu sprechen. Formal betrachtet, muß ich gestehen, daß ich die letzten Seiten des Dialogs, die eine erbitterte Polemik gegen das Redenschreiben und das Schreiben eines Kunstwerks überhaupt ist, als eine künstlerische Schwäche empfinde. Ohne diese erscheint mir das Werk vollendet und abgerundet, die Wechselwirkung zwischen dem ersten und zweiten Teil ist überall lebendig, während sie über *diese* Frage sich nirgends im ersten Teil findet. Mit der Verherrlichung der Philosophie und der göttlichen Liebe hat das Werk seinen geistigen sowie künstlerischen Höhepunkt, aber auch seinen logischen

Abschluß erreicht, so daß das daran angehängte Problem (des Schreibens) als ein störendes, das Licht des Hauptgedankens verdunkelndes Beiwerk erscheint.

Was nun das Problem selbst betrifft, so hat Plato keinen einleuchtenden Beweis erbracht, der die allzu schroffe, ja gehässige Ablehnung des Schreibens berechtigen würde. Vielmehr ist das wenig mythisch anmutende, phantasiearme ägyptische Märchen von den Buchstaben, die ihr Erfinder, Gott Teuth, als Gedächtnisstärkung anpreist, König Thaunus aber als schädlich abweist, da man, anstatt die innere Erinnerung aus sich selbst herauszuholen, nur durch äußere Zeichen das Gedächtnis stärken will, ein recht armseliger und ungenügender Beweis.

Wohl kann ich die feindliche Haltung Platos dem Schreiben gegenüber aus vielfachen, *persönlichen* Gefühlsmotiven verstehen. Vor allem natürlich aus seiner *Beziehung zu Sokrates*, der bedingungslosen *Bejahung* seiner lebendig-anregenden, geistig-aufwühlenden Methode des Sprechens und Überzeugens, die ihn selbst vor der Dichtkunst zur Philosophie bekehrte. So kann diese Stellungnahme Platos einerseits begeisterte Zustimmung zur Sokratischen Lehrweise, andererseits einen Angriff auf die Gegenspieler – die Redenschreiber – bedeuten, die damals das Volk wohl ebenso am Gängelband führten und verbildeten wie etwa heute die Presse. Dennoch kann ich mir nicht denken, daß Plato mit dieser Kritik des Schreibens ihre *völlige* Abschaffung als Kunstausdruck beabsichtigte, er, der selbst diesen und alle folgenden Dialoge schrieb. Es ist klar, daß er die Superiorität der lebendigen, tiefgreifenden Wirkung des gesprochenen Wortes über das geschriebene nachdrücklichst betonen wollte.

Nicht um Bildung und mechanisches *Einlernen*, sondern um *Erlebnis* geht es ihm, nicht um Gedächtnis, sondern um Besinnung. Die Rede von Mund zu Ohr, das magische Fluidum der *sokratischen* Rede, die *Diskussion und gegenseitige Anregung* war, ein tiefer, bildender Erziehungsfaktor, hat Plato als das *Ideal* einer philosophischen Schulung vorgeschwebt. Angesichts eines so *übermenschlichen Sprechens wie Sokrates* mußte wohl der *erzieherische Wert* geschriebener Lehren und Reden in den Hintergrund treten. Wären alle unsere Lehrer wie Sokrates, dann wären die geschriebenen Lehren wohl überflüssig. Da also Plato selbst schrieb und weiter beim Schreiben blieb, so konnte ihm die *große Wirkung* des *geschriebenen echten* Wortes wohl nicht unbekannt sein und es wäre verwunderlich, wenn der schreibende Plato nicht das Schreiben als einen *wesentlichen* Kulturfaktor erkannt hätte, durch den geistige Wirkung in *Raum und Zeit* ausgelöst wird.

Wenn mir diese Haltung zur geschriebenen *Rede* noch verständlich ist, so kann ich mich aber gar nicht zu seiner Ablehnung der *schreibenden Dichtkunst* bekennen, in der er sich großer Übertreibung schuldig macht und so weit geht, Homer herauszufordern, zuzugeben, daß sein *Schreiben* schlecht sei.

Während es bei der Philosophie auf den gedanklichen Inhalt ankommt und dieser durch gesprochene Rede wirkungskräftiger in die Gemüter gesenkt werden kann, ist bei einem dichterischen Kunstwerk der sprachliche Ausdruck, der *mehr* ist als *äußere Form*, ebenso wesentlich wie der Gedanke. Diesen *Ausdruck* eben kann man nur durch die *schriftliche Arbeit* erzielen. Es ist mir daher durchaus nicht klar, wie Plato sich die Dichtkunst ohne schriftliche Aufzeichnung vorstellt. Sogar wenn sie als Folklore gedacht ist, kann sie der schriftlichen Fixierung nicht entbehren, um der Nachwelt erhalten zu bleiben.

Diese Haltung Platos berechtigt jedoch *nicht* zur Annahme, er sei ein *Feind der Dichtung* als *Kunstgattung* überhaupt. Wir müssen sie vom Gesichtspunkt seiner Kritik und Auffassung der Kunst im allgemeinen verstehen, wie ich früher schon erwähnte. Wohl stellt er andere Anforderungen an sie – macht sie zur Dienerin der Philosophie und Liebe, also gleichsam zur *Tendenzkunst*. Aber ihre hohe Geburt, ihren Adel, ihre Berechtigung und ihren echten

Wert läßt er gelten, weist er der Kunst doch auch in seinem Mythos sogar einen *erhöhten geistigen Rang* unter den Berufen an und läßt den Mythos selbst von einem Dichter herstammen! Und eigentlich ist doch der ganze zweite Teil eine Untersuchung der *echten* und falschen Kunst (sowie die echte und falsche Philosophie). Kunst also im weitesten Sinne, zu der auch die Philosophie zählt, muß vor allem jener *höchsten* Anforderung entsprechen: Inspiration. Alles was ohne die göttliche Stimme, die Inspiration gemacht wird, sei es Reden, Gedichte oder anderes, ist Handwerk, Waffenkunst, eitles Spiel. Dies eben ist der Tenor der ganzen Abhandlung und damit schließt auch das Werk. *Echte Philosophie, echte Kunst, echte Liebe!*

Und nun noch einige Worte zur Form des Dialogs. Gerade in diesem wie in kaum einem anderen Dialog ist das dichterische mit dem philosophischen Element so innig zu einer künstlerischen Einheit gestaltet. Und es ist durchaus sinnvoll, daß der 1. Teil den poetisch-mythischen Anteil, der 2. Teil den wissenschaftlichen philosophischen darstellt. Es ist Platos eigener Weg: von der Dichtkunst zur Philosophie. Es gehört mit zum Sinn des Werkes, daß die *Philosophie*, der Gedanke über die Kunst, das poetische Gefühl siegten. Die wellig weiche Gefühlslinie der Poesie geht in die steile gotische Linie des Gottsuchens, der mystischen Philosophie über, die alle Formen und Gestalten überragend in reiner, bildloser, intuitiver Gottschau verharrt, glorreicher Triumph höchster menschlicher Erlebnismöglichkeit!

Zum 28. August 1943

Wie hilft mir Constantin Brunner in *dieser Zeit*? Wie hilft mir Constantin Brunner in der *Selbsterziehung*? Schön formulierte *zwei* Themen, die sich in mir zu *einem* verschmelzen: *Selbsterziehung in dieser Zeit*, und wenn ich noch näher zusehe, ist es die *Selbsterziehung* in jeder Zeit. Entscheidend für mich ist daher die Frage nach der Selbsterziehung unter dem Einflusse Brunnerscher Ideen. Constantin Brunners Ideengehalt wird allen und zu allen Zeiten in gleicher Weise angeboten, aber anders von jedem geschmeckt. Auch der abstrahierte Gedanke hat noch eine Physiognomie: die Physiognomie des bedenkenden Geistes. Ja, *gerade* die *abstrakten* Gedanken und Begriffe, die *allen* gemein sind, werden *verschieden vorgestellt*, während ein sichtbarer Gegenstand allen gleich erscheint. Jeder von uns sagt »Substanz«, das Denkende, und meint das gleiche gedankliche Substrat. Aber in jedem trägt es ein anderes *Gesicht*, jeder wird *anders* ergriffen davon und weggetragen in eine andere, nur *ihm* eigene Vorstellungswelt dieser gemeinsamen Ideen. Ich also stehe in *meiner besonderen* Erlebniswelt der Ideen, Substanz, das Denkende, Kunst, Philosophie, Mystik. Nehmen wir diese drei letzten Begriffe, in die die Brunnersche Philosophie gipfelt: welch grenzenlose Vorstellungsweite und welche Erlebnis*möglichkeiten* erschließen sich da! Wir können die Grenzen dieser drei Welten nicht erblicken, sie fließen ineinander, erfüllen den ganzen Vorstellungsraum unserer Persönlichkeit, oder sprengen ihn gar. Jeder von uns empfindet bei jedem dieser drei Begriffe einen anderen *Geschmack*, jeder sieht sie in anderen Farben, *auch* in jedem erklingt ein anderer Ton dabei. Eines jeden Gesichtswinkel der Ewigkeit hat *seine* Farbe, *seinen* Klang, seine Erlebnisart. Spinoza und Brunner als *Philosophen* sind der *Weg* zum künstlerisch-mystischen *Ziel* einer *erhöhten Erlebnisform*, unter der das Selbst und die

Dinge verwandelt... werden, eine zauberhafte Einheit eingehen.

Wir streben dem gleichen Ziele zu, wie alle Kinder zur Märchenwelt als ihrer wahren Welt. Auch unsere ersehnte Welt in das Märchen einer Zaubersphäre, in der alles schön, edel, wahr ist. Aber jeder hat seinen besonderen *Schritt*, seine Art des Gehens, Stehens, Bleibens, Zurücksehens, Abweichens, Unterschreitens in verschiedenen Regionen geistiger Landschaften und Zurückgelangens auf den Hauptweg. Bald sind Weg und Ziel identisch, bald scheinen sie unfaßbar auseinanderzustreben, und die Kraft, Brücken zu schlagen, versagt. So mußte ich oft *diesen* Weg verlassen und einen anderen suchen zum gleichen Ziele, zur Sehnsuchtserfüllung: eine Melodie, einen Vers, ein Bildwerk, eine Landschaft, ein Menschenantlitz, ein Menschenherz. Nicht immer kann nur der *Gedanke Medium* sein zur schöpferischen Selbsterziehung. Was soll Selbsterziehung sein im Brunnerschen Sinn?: Modifizierung der Affekte durch Erkenntnis? Davon verstehe ich wenig. Das Ziel meiner Selbsterziehung war: meiner Sehnsucht nachzugeben, die zum Erlebnis des Schönen strebte. Schönheit ist mir: Weisheit, Tugend, Reinheit, Einheit, sie ist das Wunder, das Wunderland. Auch die Philosophie, Spinoza und Brunner konnte ich in dieser Form, unter dem Aspekt des *Schönen*, des *Wunders*, erfassen. Sofern Brunner meinen *Wunderglauben gefördert* hat, das Geheimnis *nicht gelüftet*, sondern *vertieft* hat, war er mir Mittel zur Selbsterziehung, und nur insofern dieser Wunderglaube, das Erfülltsein von der Idee des Schönen in mir wirkt, nicht erhellt, verdunkelt sich die andere Hemisphäre des Lebens: dieser Zeit. Nur *ein Affekt* kann den *anderen* verdrängen! Dies bleibt unverrückbar wahr. Philosophie, Kunst, Mystik, das sind die drei großen Passionen, die Erzieher der kleinen Passionen. Und wenn ich auch nicht zu sagen wüßte, *wie* mich Brunner erzogen hat, so weiß ich doch, *daß auch er* mich erzogen hat zu meinem passionierten Gefühl. Und diese Passion kann auch der Krieg nicht unterkriegen.

Sehr verdunkelt ist sie, es ist wahr. Diese schwarze Zeit, dieses Alpdrücken hat sich vor die Flamme gestellt als eine hohe Mauer. Ich habe diese drei Jahre über das Gefühl eines inneren Starrkrampfes, einer Lähmung, einer erschreckenden Verdunkelung. Doch auch in diese Nacht dringt der Lichtschein jener Flamme, die empor zu züngeln vermag über die Mauer. Vor drei Jahren im Gefängnis sagte ich mir jeden Tag das gleiche, du träumst, deine Gefangenschaft ist ein Traum, du wirst erwachen. Und so war es auch: Ich weiß nicht, wie es kam, daß ich eines Tages wieder zu Hause, zur Freiheit, erwachte. Ich wußte es damals, es war das *Wunder*, mein *Wunder*! So auch sage ich mir jetzt immerzu: Du träumst, du liegst in tiefem Schlaf, und ein Alpdrücken liegt auf dir – aber es kommt, es kommt ein großes Erwachen, ein großes Wachsein! Selbsterziehung? Nein: Erziehung zum Selbst. Wie hilft mir Brunner in dieser Zeit? Er zeigt mir: Sie ist ein Traum, ein langer schwarzer – aber es kommt das Erwachen deines Selbst, zur Helligkeit, zur Zeitlosigkeit!

Alles kann Motiv sein

Warum ich schreibe?
Weil Wörter mir diktieren: schreib uns. Sie wollen verbunden sein, Verbündete. Wort mit Wort mit Wort. Eine Wortphalanx für, die andere gegen mich. Ins Papierfeld einrücken wollen sie, da soll der Kampf ausgefochten werden. Ich verhalte mich oft skeptisch, will mich ihrer Diktatur nicht unterwerfen, werfe sie in den Wind. Sind sie stärker als er, kommen sie zu mir zurück, rütteln und quälen mich, bis ich nachgebe. So, jetzt laßt mich in Frieden. Aber Wörter sind keine fügsamen Figuren, mit denen man nach Belieben verfahren kann. Ich hätte sie mißverstanden, behaupten sie, sie hätten es anders gemeint. Sie seien nicht auf der richtigen Stelle untergebracht, murren sie. Scheinheilige, die friedfertig und unbewegt auf der weißen Fläche stehen. Das ist Täuschung. Hart sind sie, auch die zartesten. Wir sehen uns an, wir lieben uns. Meine Bäume, meine Sterne, meine Brüder: in diesem Stil rede ich zu ihnen. Sie drehen den Stil um, greifen mich an, zwingen mich, sie hin- und herzuschieben, bis sie glauben, den ihnen gebührenden Platz eingenommen zu haben. Warum schreibe ich? Weil ich, meine Identität suchend, mit mir deutlicher spreche auf dem wortlosen Bogen. Er spannt mich. Ich bin gespannt auf die Wörter, die zu mir kommen wollen. Ich rede mit ihnen zu mir, zu dir, rede dir zu, mich anzuhören. Die Welt stellt mir hinterlistige Fragen. Meine Wörter antworten ihr offenherzig mit Fragen. Geheimschriftlich blättert sich mein Leben ab, Blatt für Blatt: Jahre, die sich Verse auf das undurchdringliche Woher – Wohin? machen. Ich lege Rechenschaft ab, über mich, meine Umgebung, Zustände, Zusammenhänge. Meine Wörter wollen gebucht werden: Soll und Haben. Du sollst uns haben, sagen sie, wenn du uns ins Buch einträgst. Ich sträube mich. Ich *denke* viele Gedichte und Geschichten, schreibe nur einen kleinen Bruchteil davon. Warum?

Weil. Erklärungen sind nur ein kleiner Bruchteil der Wahrheit.

Warum schreibe ich? Vielleicht weil ich in Czernowitz zur Welt kam, weil die Welt in Czernowitz zu mir kam. Jene besondere Landschaft. Die besonderen Menschen. Märchen und Mythen lagen in der Luft, man atmete sie ein. Das viersprachige Czernowitz war eine musische Stadt, die viele Künstler, Dichter, Kunst-, Literatur- und Philosophieliebhaber beherbergte. Sie war die Wahlstadt des großartigen jiddischen Fabeldichters Elieser Steinberg. Sie hat den bedeutendsten jiddischen Lyriker Itzig Manger und zwei Generationen deutschsprachiger Dichter hervorgebracht. Der jüngste und wichtigste war Paul Celan, der älteste Alfred Margul-Sperber, der 1968, neunundsechzigjährig, in Bukarest starb, ein in Rumänien und in der DDR hochangesehener Lyriker und Übersetzer. Er war mein *Entdecker* und stellte meinen ersten Lyrikband zusammen, der unter dem Titel *Der Regenbogen* 1939 in Czernowitz erschien. Mein frühes Interesse galt der Philosophie. Die Wahlphilosophen Benedikt Spinoza (der sich seinen Lebensunterhalt als Brillenschleifer verdiente) und der große Berliner Denker Constantin Brunner haben meinem Denken ein Fundament gegeben. Eines meiner damaligen Gedichte begann: »Mein Heiliger heißt Benedikt. / Er hat das Weltall / klargeschliffen.« Die später entstandenen Essays über Spinoza, Brunner, Platon (*Phaidros*) und Freud (*Angst*), meine Lyrikmanuskripte, Tagebücher, Briefe sowie die Gesamtauflage des *Regenbogen* sind dem Krieg zum Opfer gefallen.

Mit siebzehn Jahren fing ich an, Notizen, Einfälle, Verse in ein Tagebuch einzutragen. Bald stand es für mich fest, daß Lyrik mein Lebenselement war. Jahrelang schrieb ich Gedichte, lyrische Prosa, rhythmische Texte, auch ein paar Märchen. Manches vertraute ich der Schublade an, den Rest schenkte ich dem Papierkorb. Viele Dichter und Schriftsteller waren mir wichtig, aber von Hölderlin und Kafka gingen die nachhaltigsten Impulse aus. Es folgte eine Phase verschiedenartiger Versuche in freien und gebundenen Versen, viele gereimt. Unser Sprachmeister Karl Kraus rühmte den Reim: »Er ist das Ufer, wo sie landen, / sind zwei Gedanken einverstanden.« Auch das Adjektiv spielte noch eine vitale Rolle. Was später über uns hereinbrach, war ungereimt, so alpdruckhaft beklemmend, daß – erst in der Nachwirkung, im nachträglich voll erlittenen Schock – der Reim in die Brüche ging. Blumenworte welkten. Auch viele Eigenschaftswörter waren fragwürdig geworden in einer mechanisierten Welt, die dem »Mann ohne Eigenschaften«, dem entpersönlichten Menschen gehörte. Das alte Vokabular mußte ausgewechselt werden. Die Sterne – ich konnte sie auch aus meiner Nachkriegslyrik nicht entfernen – erschienen in anderer Konstellation.

Czernowitz 1941. Nazis besetzten die Stadt, blieben bis zum Frühjahr 1944. Getto, Elend, Horror, Todestransporte. In jenen Jahren trafen wir Freunde uns zuweilen heimlich, oft unter Lebensgefahr, um Gedichte zu lesen. Der unerträglichen Realität gegenüber gab es zwei Verhaltensweisen: entweder man gab sich der Verzweiflung preis, oder man übersiedelte in eine andere Wirklichkeit, die geistige. Wir zum Tode verurteilten Juden waren unsagbar trostbedürftig. Und während wir den Tod erwarteten, wohnten manche von uns in Traumworten – unser traumatisches Heim in der Heimatlosigkeit. Schreiben war Leben. Überleben.

»...Auf den flüchtenden Kähnen / löschen die Wimpel den Traum, von den Himmeln...« – »...daß die unsichtbaren Gestirne aufblühen.« Diese und viele andere Verse las mir ein junger Mann vor, den 1944 ein Freund zu mir brachte: Paul Antschel-Celan. Als Revanche las ich das nächste Mal meine neuentstandenen Gedichte, die er sehr lobte.

Ende 1946. Einwanderung in die USA. Existenzkampf. Umorientierung. Provokation. Die neue Welt der modernen amerikanischen und englischen Literatur war ein frischer erregender Antrieb. Nach mehrjährigem Schweigen überraschte ich mich eines Abends beim Schreiben englischer Lyrik. Einer meiner ersten Englischtexte fing an: »Looking for a final start« (Ich suche einen endgültigen Beginn). Viele jener Gedichte sind in amerikanischen Literaturzeitschriften erschienen, manche hat der Rundfunk WEVD gesendet. Warum schreibe ich seit 1956 wieder deutsch? Mysteriös, wie sie erschienen war, verschwand die englische Muse. Kein äußerer Anlaß bewirkte die Rückkehr zur Muttersprache. Geheimnis des Unterbewußtseins. Erst 1957 machte ich Bekanntschaft mit der deutschen Gegenwartslyrik. Verwandelt tauchte die versunkene Welt wieder empor: in ein anderes Licht. Veraltete Formen waren in den Schatten getreten. Viele dieser modernen deutschen Gedichte wurden für mich von bleibender Bedeutung.

1957. Zwei Wochen in Paris. Paul Celan lud mich mehrere Male zu sich ein, las mir viel Neuentstandenes vor, Gedichte, die später im *Sprachgitter* erschienen sind. Er fragte nach meinen neuen Arbeiten. Zögernd zeigte ich ihm sechs Texte. Er reagierte sofort nach dem Lesen: »*Das unhörbare Herz*, *Atlantis*, *Ruf und Kristall* und *Eingeschneit* sind sehr, sehr, sehr schön. Auch *Blinder Sommer* ist ein gutes Gedicht.« Das sechste gab er mir wortlos zurück. Kurz danach las ich *Mohn und Gedächtnis* und *Von Schwelle zu Schwelle*: ein neues Modell poetischer Evokation. Celans sprachschöpferischer Existentialismus war überzeugend. Der Tod hatte seinen besten Dichter ins Leben gerufen.

Meine bevorzugten Themen? Alles – das Eine und das Einzelne. Kosmisches, Zeitkritik, Landschaften, Sachen, Menschen, Stimmungen, Sprache – alles kann Motiv sein. Im Sinne gesellschaftlicher Zusammengehörigkeit ist meine Lyrik *engagiert*. Aus der Eigenart und Intensität einer Erfahrung, eines Einfalls, ergibt sich die äußere und innere Form des Textes. Oft habe ich mich gefragt, *was* dieses Schreiben eigentlich sei, und habe mir verschiedene Antworten gegeben. Bei der kürzesten bin ich geblieben:

Schreiben ist ein Trieb. Der Dichter, der Schriftsteller muß essen, sich bewegen, ruhen, denken, fühlen und schreiben – schreiben, was seine Gedanken und Einbildungskraft ihm vorschreiben.

Warum ich schreibe? Ich weiß nicht.

Czernowitz, Heine und die Folgen

Vor dem Zweiten Weltkrieg war Czernowitz eine Stadt voller Schwärmer. Die Chassidim waren fanatische Anhänger des einen oder anderen heiligen Rabbi. Marxisten dienten der kommunistischen Idee mit Leib und Seele, ließen sich von der brutalen Polizei foltern, ohne ihre Genossen zu verraten. Ein großer Teil der zionistischen Juden fuhr nach Palästina, um dort den steinigen Boden urbar zu machen, Hunger und Malaria schreckten sie nicht ab. Man stieß auf Spinozisten, Kantianer, Freudianer, auf Schopenhauerjünger und Anbeter Nietzsches. Viele 15- bis 25jährige bekannten sich mit Enthusiasmus zu den Werken ihres »Meisters« Constantin Brunner, des bedeutenden Berliner Philosophen. Musik gehörte zum elementaren Leben in unserer Stadt. Um die bildenden Künstler scharten sich ebenfalls zahlreiche Bewunderer.

Das intensivste Interesse der Intelligenzija galt der Literatur, vor allem der deutschen. Mit zwei Namen wurde ein enormer Kult getrieben: Rainer Maria Rilke und Karl Kraus. Man rilkte, die *Fackel* ging von Hand zu Hand. Wer in den zwanziger und dreißiger Jahren in Czernowitz lebte, weiß, welche magische Faszination Kraus auf die Intellektuellen ausübte. Das hatte besondere Gründe. Hier begegneten und durchdrangen sich vier Sprachen und Kulturen: die österreichisch-deutsche, die jiddische, die ruthenische (= ukrainische) und rumänische. Obwohl seit 1918 Rumänisch als Landessprache galt, blieb bis zum Ende des Zweiten Weltkrieges Deutsch die Mutter- und Kultursprache. Sie erlitt indessen schwere Durchbrüche und Verzerrungen. Durch die mannigfachen Spracheinflüsse, besonders vom Jiddischen (über ein Drittel der Bevölkerung war jüdisch), war ein Jargon entstanden, von dem die Gebildeten und sprachlich Anspruchsvollsten – nach Wien horchend – sich distanzierten. Wir blieben Österreicher, unsere Hauptstadt war Wien, nicht Bukarest. Die Wiener – ach, wie sie das »Buko-wiener« Deutsch verspotteten! Wir litten an sprachlichen Minderwertigkeitsgefühlen. Diesem Komplex verdankte, glaube ich, Karl Kraus die bis zur Anbetung reichende Huldigung seiner Anhänger. Er, der große Wiener Stilist und Satiriker, war in erster Linie unser Sprachlehrer. Jeder Satz aus der *Fackel* wurde bis in die letzte Faser seiner Sprach- und Denkmöglichkeit durchdiskutiert. *Was* Kraus sagte, leuchtete seinen Bewunderern ein, weil es für sie so wichtig war, *wie* er es sagte. Dieser KK-Kult dauerte, wenn ich nicht irre, bis 1933, als Kraus zu dem »Phänomen« Hitler erklärte: »...Ich bleibe stumm / und sage nicht warum...« Die Betroffenheit der Krausianer war grenzenlos, aber man schwieg – man schwieg wie Kraus zu Hitler.

Nach dieser ausholenden Einleitung komme ich zu Heinrich Heine. Einen Heine-Kult hat es in Czernowitz niemals gegeben, doch gehörte Heine zum Bildungsrepertoire der Stadt. Er war ein vielgelesener Dichter. Dies galt hauptsächlich für die Generation meiner Eltern. Heine, meinte mein Vater, sei zwar kein universeller Geist, kein Genie wie Goethe, aber ein bedeutender Kritiker und als Poet Goethe ebenbürtig. Auch seine Prosa schätzte mein Vater sehr und las mir den *Rabbi von Bacherach* vor. Goethe, Schiller, Heine, so schärften uns unsere Lehrer ein, seien die drei größten deutschen Dichter. Der zuhöchst thronende: Goethe, eine Stufe tiefer Schiller und eine weitere Stufe darunter Heine. Andere waren anderer Meinung: der Jude Heine sei der echteste unter den deutschen Lyrikern, ein volkstümlicher Liederdichter und ein wichtiger Kritiker. Manche lehnten Heine wegen seiner ätzenden Ironie ab, er sei zwiespältig, ein Zyniker. Die meisten hatten nur zum Lyriker eine nahe Beziehung. Heines transparente Prosa und die kritischen Arbeiten wurden von der »Elite«, nicht von der Masse gelesen. Unter den Lesern, die sich mit allen Aspekten seiner Werke befaßten, gab es begeisterte Anhänger, denen ich mich – mit einiger Reserve, ich war anderweitig stärker engagiert – anschloß.

Zwischen Mitte und Ende der zwanziger Jahre verschob sich das Verhältnis unserer intellektuellen Jugend zur Dichtung. Strahlend waren die neuen Gestirne am Dichterhimmel aufgegangen. Georg Heym, Else Lasker-Schüler, Georg Trakl, der »Orphiker« Stefan George und, allen voran, Rainer Maria Rilke eroberten die Herzen. Mir war Rilke lange fremd. Ich kam von Heine zu Hölderlin, Lasker-Schüler, Trakl, Kafka. Schließlich geriet auch ich in Rilkes Bann. Aber meine Vorbilder blieben Hölderlin, Trakl und Kafka.

Noch gab es in Czernowitz viele Heine-Verehrer, namentlich in der älteren Generation, bis – war's Ende der zwanziger oder Anfang der dreißiger Jahre? – der aufsehenerregende Essay *Heine und die Folgen* von Karl Kraus in der *Fackel* erschien. Ich habe den Aufsatz seither nicht wieder zu Gesicht bekommen, kann nur sagen, was mir davon – etwas verschwommen – im Gedächtnis geblieben ist. Kraus brach nicht nur den Stab über Heines Dichtung, er machte ihn auch für ihre »Folgen« verantwortlich: einmal für das in der Manier Heines leichtfertige Verseschmieden und für einen platten Journalismus vieler Nachahmer zum anderen. *Heine und die Folgen* hatte zur Folge, daß das Heine-Image der Intelligenzija zerstört wurde. Es kam zu heftigen Auseinandersetzungen zwischen Krausianern und Andersgesinnten, als ginge es um Sein oder Nichtsein unserer Sprache, um alles, wofür sie stand. Dies ist mir noch in Erinnerung: ich war von der brillant formulierten Arbeit stark beeindruckt, aber die Schlußfolgerungen überzeugten mich nicht. Mit unzulänglichen Mitteln focht ich auf seiten Heines gegen die mir befreundeten Krausianer – eine aussichtslose Kampfposition. Einige Einwände, die ich in diesem Streit vorbrachte (natürlich nicht ihr genauer Wortlaut), sind mir gegenwärtig geblieben: Müßten wir nicht, argumentierte ich, wenn wir Menschen für die von ihnen nicht beabsichtigten Folgen ihrer Werke oder Handlungen zur Verantwortung ziehen sollen, müßten wir nicht Christus für die zweitausendjährigen »Folgen«

verantwortlich machen: Inquisition, Kreuzzüge, Folterungen, Scheiterhaufen, Pogrome, mörderischen Antisemitismus, mit einem Wort: Menschenhaß? Hatte Heine nicht frischen Wind, einen neuen, rebellisch-sarkastischen Ton in die deutsche Dichtung gebracht? War sein Einfluß beispielsweise auf unseren großen jiddischen Czernowitzer Lyriker Itzig Manger nicht ein Glücksfall in der jiddischen Dichtung? Selbstverständlich konnten es meine naiven Argumente nicht mit der scharfzüngigen Polemik, den großartigen Formulierungen eines Karl Kraus aufnehmen. Wie immer siegte Kraus in Czernowitz. Heine war geschlagen. Er sei ein zweitrangiger, drittrangiger Literat, kein Dichter, bloß ein witzelnder Journalist – und die FOLGEN seiner Werke seien katastrophal!

In Schulbüchern, Stadt- und Hausbibliotheken leuchtete das »Dreigestirn« Goethe-Schiller-Heine sanft weiter. Die ihm von unseren Eltern und Lehrern zugewiesene Rangordnung in der Dichterhierarchie blieb Heine bis zum Ausbruch des Krieges erhalten. Aber die Jugend jubelte Kraus zu, las die Expressionisten, las George, Rilke, Kafka, Brecht. Knapp vor dem Krieg wurde von einzelnen Gottfried Benn entdeckt.

Ich blieb dem faszinierend ironischen Dichter Heinrich Heine *und* dem hervorragenden Stilisten Karl Kraus treu. Ich gestehe: eine abstrakte Treue, denn seit jenen Jahren habe ich weder Heine noch Kraus wieder gelesen.

Notizen zur Situation des alternden Schriftstellers

nicht nur von der sozialen Lage aus gesehen, sondern auch von der psychologischen und ästhetischen Seite. Meine Ansichten und Erfahrungen.

G. Benn: »Gute Künstler sind erst im Alter richtig gut.« Angelika Mechtel: behauptet das Gegenteil – hat sich deprimierend darüber geäußert.

Meine Ansicht:

Natürlich ist die *soziale* Lage des alternden und alten Menschen, somit auch des Schriftstellers weit schwieriger als die des jungen. In unserer Zeit wird ja in erster Linie, ja, man darf sagen, fast ausschließlich die Jugend gefördert. Dies gilt besonders für den Lyriker. Der alte Schriftsteller oder Dichter, namentlich die Schriftstellerin, hat nur eine gute Chance, wenn er (oder sie) schon seit vielen Jahren »in« ist oder eine besonders sensationelle Neuheit anbietet oder über gute literarische Beziehungen verfügt – oder einfach Glück hat. Wer sich nicht in der Jugend einen Namen gemacht hat, keine wichtigen Förderer hat, keine Freunde unter den Verlegern, Lektoren, Kritikern, Rezensenten, wer keiner literarischen (politischen, religiösen) Clique oder Organisation (à la Gruppe 47) angehört, keiner modischen Richtung (thematisch oder stilistisch) huldigt, hat wenig Aussicht auf Erfolg, es sei denn, er wäre ein Genie. Der soziale Aspekt wirkt sich selbstverständlich auch *psychisch* auf den Schriftsteller aus. Erfolg ermutigt, kann inspirieren, Mißerfolg mag sich hemmend auswirken, Minderwertigkeitsgefühle erzeugen. Dieser psychische Zustand mag auch die *Arbeit*, die *ästhetische* Seite der Arbeit des Schriftstellers beeinträchtigen. Es ist ein Teufelskreis. Nicht praktisch, nur begrifflich können diese Gesichtspunkte auseinandergehalten werden. *In diesem Sinne* mag wohl das Alterswerk manches Schriftstellers schwächer sein als sein Jugendwerk. Aber grundsätzlich finde ich, daß weder Gottfried Benn noch Angelika Mechtel recht haben. Die Frage, ob ein Schriftsteller im Alter »richtig gut« ist, besser oder schlechter wird, kann nur individuell, von Fall zu Fall beantwortet werden.

Viele werden im Alter besser oder bleiben so gut wie in der Jugend – es fallen mir viele Namen ein: Goethe, Thomas Mann, Benn selber, Heinrich Böll, Hermann Kesten, Nelly Sachs, Marie Luise Kaschnitz, Peter Huchel, die bedeutende amerikanische Dichterin Marianne Moore. Andere hingegen haben das Beste in ihrer Jugend geschaffen, wie Arthur Rimbaud (der mit neunzehn zu schreiben aufhörte), der wichtigste jiddische Lyriker Itzig Manger, wahrscheinlich auch Ingeborg Bachmann, die zwar noch nicht zu den Alten, vielleicht aber schon zu den Alternden zählt. Der junge Günter Eich war meiner Ansicht nach besser als der alte, auch Hans Magnus Enzensberger und Günter Grass, wenn man sie zu den Alternden zählt, sind dichterisch schwächer geworden, ich weiß nicht, ob wegen zunehmenden Alters oder wegen ihres politischen Engagements. Ob ein alternder Schriftsteller Besseres oder Schlechteres produziert, hängt, glaube ich, einerseits von seinem Temperament ab, seiner Konstitution, seinen angeborenen Anlagen, seiner schöpferischen Potenz oder Impotenz, zum anderen von äußeren Einflüssen und Möglichkeiten. Es ist ein sehr vielschichtiger Prozeß: viele erkennbare und manche untergründige Faktoren persönlicher und unpersönlicher Art wirken zusammen.

Psychologisch auf mich selber bezogen: (Ich suche mich, glaube mich gefunden zu haben, verliere mich wieder, suche mich. Die stete Identitätssuche.) Natürlich kann ich mich selber *nur subjektiv* sehen und beurteilen, auch bei größter Bemühung um Objektivität bleiben wir ja ichbefangen, Gefangene unserer Gedanken, Emotionen, geistigen Grenzen, Fähigkeiten und Lebensumstände, *sozial* gesehen, erleide ich das Schicksal der alternden, der alten Schriftsteller, die es weit schwerer haben als in der Jugend, am schwersten, *die* [sie] als alte *Lyrikerin.* Lyrik ist das Stiefkind unserer Zeit. Wer nicht *auch gut verkäufliche Prosa* (erzählende Prosa) anzubieten hat, hat den schwersten Stand, die magersten Erfolgsaussichten. Daß diese Situation sich auch psychisch auswirkt, ist evident. Das Gefühl der Vereinsamung, der Entfremdung ist verstärkt durch den Verlust der Heimat, der nächsten und teuersten Menschen, der abnehmenden physischen Kräfte, der schlechten Gesundheit, intensiviert durch das unauslöschliche Trauma der Kriegs- und Nazijahre in Czernowitz (1940–46), durch die Massenpsychose unserer Epoche, die Mechanisierung des Lebens und noch manches Persönliche. –

Das Ästhetische meiner schreibenden Existenz betreffend: Ich bin an erster und letzter Stelle Lyrikerin, wodurch, wie ich sagte, meine Situation noch erheblich erschwert ist. Ich habe, wie alle Schriftsteller, im Laufe meines Lebens verschiedene Stilphasen durchgemacht und durchlitten, denn nichts kommt einfach vom Himmel ohne Kampf und Krampf, Arbeit und Verzweiflung – und auch ein bißchen Freude. Ich begann (wie fast alle Dichter) mit traditioneller Lyrik. Meine frühen Einflüsse waren: Goethe, Heine, später und weit nachdrücklicher Hölderlin, Rilke, Trakl, Kafka. Aber auch in meinen frühen Gedichten verwendete ich oft eigene Metaphern und Bilder. Ein Kritiker hat vor einem Jahr in einem Heft der *Akzente* richtig festgestellt, daß die berühmte Metapher aus Paul Celans *Todesfuge:* »schwarze Milch« von mir stammt (aus meinem Lyrikbuch *Der Regenbogen*). Mein stärkstes Erlebnis, das einzig schöne, während der Naziverfolgung in Czernowitz, 1942–43, war die Begegnung mit Paul Celan, dessen erste Gedichte mich tief beeindruckten. Ich bin mir aber keiner Beeinflussung meiner Lyrik durch seine bewußt, ich ging einen anderen Weg, ich meine formal stilistisch: einen offeneren, zugänglicheren. Unsere Motive freilich sind oft die gleichen, die zentrale Idee: der Tod – mit den dazugehörigen Gedanken: Krieg, Angst, Horror, Entfremdung, Einsamkeit, Vergeblichkeit, unsere entmenschte, entmenschende Zeit. – Seither haben mich viele Dichter nachhaltig beeindruckt: die amerikanischen Lyriker Stevens Wallace, E. E. Cummings, T. S. Eliot (die alle ein gutes Alterswerk hinterließen), besonders nah sind mir Ungaretti und der Nobelpreisträger Pablo Neruda, von den deutschen Dichtern: der frühe Günter Eich, Nelly Sachs, und in den letzten Jahren fühle ich mich besonders den Dichtungen von Marie Luise Kaschnitz und Peter Huchel verbunden. Benn und Brecht habe ich immer bewundert, aber sie kamen mir nicht sehr nah.

Ich habe niemals nach einem Programm geschrieben, tue es auch jetzt nicht. Um eine wirklich »freie« Schriftstellerin sein zu können, war ich, bis vor einigen Jahren, beruflich als Übersetzerin, Korrespondentin, Sekretärin, auch als englische Privatlehrerin tätig. In meiner Freizeit habe ich geschrieben, wenn ich das zwingende Bedürfnis dazu verspürte. Ich habe – zwischen längeren Ruhepausen – wenig geschrieben, schreibe auch jetzt wenig. Dieser *langsame, unregelmäßige Schreibrhythmus* und die Schreibmethode haben sich im Laufe der Jahre nicht geändert. Auf eine intensive Schreibphase folgte eine längere, manchmal jahrelange Pause, ein Nichtschreibenkönnen. Ich schreibe in Schüben. Nach dem letzten Krieg konnte ich mehrere Jahre keine Zeile zu Papier bringen. Plötzlich – ich wohnte von Ende 1946 bis 1964 in New York –, ohne äußeren Anlaß, fing ich an, amerikanische Lyrik zu schreiben, arbeitete daran einige Jahre, bis der Impuls ebenso plötzlich verschwand, wie er gekommen war. Ein Teil jener Gedichte ist in amerikanischen literarischen Zeitschriften erschienen. Vor etwa *vierzehn bis fünfzehn Jahren* begann ich wieder, deutsch zu schreiben, ganz von vorn. *Freie* Verse, thematisch und stilistisch grundanders als meine Vorkriegslyrik. Über die *Qualität* darf ich mich selbst ja nicht näher äußern – ich halte sie für besser als die meiner frühen Arbeiten. Von der *technischen* Seite besehen: Ich schreibe jetzt knapper, straffer, bevorzuge das kurze und mittellange Gedicht, zuweilen kommen aber auch längere Texte zustande. Die Wahl der Form eines Gedichtes überlasse ich dem Instinkt oder der Intuition. Zum Glück bin ich als wirtschaftliche Rentnerin nicht ausschließlich vom Schreiben abhängig, muß mich nicht dazu zwingen. Das hat aber auch den Nachteil, daß ich literarischen Möglichkeiten nicht nachgehe, mich wenig darum kümmere, ob ich gedruckt oder zu Lesungen eingeladen werde. In den paar Jahren meines Wohnsitzes in der Bundesrepublik (in Düsseldorf) hatte ich, obwohl ich keine literarischen Kontakte und Beziehungen hatte, immerhin ein bißchen Glück, und was ich bis jetzt erreicht habe, ist mir quasi in den Schoß gefallen: zwei Literaturpreise, drei Buchveröffentlichungen, Beiträge in verschiedenen Anthologien, Lesungen. (Ich bin zu langsam, träge, vielleicht auch zu empfindlich, um Redakteuren, Lektoren, Rezensenten die Türen einzurennen.) Mein *Arbeitstempo* ist sehr schnell *und* sehr langsam: Die erste Fassung eines Textes – Lyrik oder Kurzprosa – erfolgt meistens in wenigen Minuten. Dann beginnt die tagelange, wochen- und manchmal jahrelange Arbeit, das Be- und Umarbeiten. Von manchen Gedichten mache ich zwanzig Fassungen, bis eine mich befriedigt – oder keine. Vielleicht ist meine Aktionsgehemmtheit, meine Trägheit auf den »Alles-ist-eitel-Standpunkt«, auf eine philosophische Haltung oder auf das Gefühl der Vergeblichkeit zurückzuführen. Ich wehre mich innerlich gegen den hektischen Literaturbetrieb, gegen die an den Schriftsteller gestellte quantitative Forderung, jährlich ein Buch zu produzieren, publizieren. Dabei stellt sich auch das Problem der rasend wechselnden Stilphasen, der schnellen Geschmacksänderungen. Der alternde, der alte Schriftsteller hat natürlich einen gefestigteren Charakter als der junge, eine festere (vielleicht starrere) Ichgeschlossenheit, er (oder sie) kann oder will sich nicht der Augenblickmode anpassen. Es hieße opportunistisch sein, seine natürliche Schreibart zu verleugnen, um nicht als »altmodisch« von der rührigen Kritik abgetan zu werden. Der Zeitgeschmack wandelt sich so schnell, daß ein vor zwei bis drei Jahren entstandenes Manuskript heute schon als »antiquiert« angesehen wird. Dies gilt für die Themen (den »Inhalt«) und für die Form, an denen der Maßstab »gut« oder »schlecht« angelegt wird: gesellschaftliches Engagement, Zeitkritik, Linksradikalität, Liberalismus, neue Sachlichkeit, oder das auf das rein Sprachliche bezogene Kriterium, auf Worte, Buchstaben, auf das optische Arrangement, das Schriftbild. Alles Emotionelle wird als »Sentimentalität« gebrandmarkt.

Jeder Schriftsteller macht Entwicklungen durch, seine Schreibweise ist Veränderungen unterworfen wie sein Körper, seine Einsichten und Erfahrungen. In diesem Sinne schreibe ich jetzt nicht wie vor zehn, vor zwanzig Jahren oder wie vor dem letzten Weltkrieg. Aber ich glaube sagen zu dürfen, daß ich mir im Grunde auch als Schriftstellerin, richtiger als Lyrikerin, treu geblieben bin. Die Beurteilung meines Besser- oder Schlechterwerdens überlasse ich den Kritikern und der »Nachwelt«.

Erinnerungen an eine Stadt

Eine entlegene, osteuropäische Stadt, nicht groß, nicht klein: Czernowitz, die Hauptstadt des Kronlandes Bukowina, der ehemaligen österreichisch-ungarischen Monarchie. Die Bukowina, auch »Buchenland« genannt – von den Nordost-Karpaten breitet sie sich hin über die waldreichen Berge und Hügel des Karpaten-Vorlandes, zur podolischen Steppentafel im Norden, zur bessarabischen im Osten. Ende des 14. Jahrhunderts findet sich die erste urkundliche Erwähnung als »Buchenland«. Der Süden ist altes rumänisches Stammland unter moldauischen Fürsten. 1514 kommt die Bukowina für ein Vierteljahrtausend unter türkische Oberhoheit, 1775 fällt sie an die Habsburger Doppelmonarchie, die sie später zum selbständigen Kronland macht. Die etwa 160 000 bis 170 000 Einwohner der Stadt Czernowitz setzten sich aus Deutschen, Ukrainern, Juden, Rumänen sowie Minderheiten von Polen und Madjaren zusammen. Eine buntschichtige Stadt, in der sich das germanische mit dem slawischen, lateinischen und jüdischen Kulturgut durchdrang. Bis 1924 – obwohl die Bukowina schon 1918, nach dem Ersten Weltkrieg, Rumänien zugesprochen wurde – war die Landessprache rumänisch *und* deutsch, nachher bis ans Ende des Zweiten Weltkrieges war sie offiziell rumänisch, praktisch aber weiter deutsch. Deutsch war nicht nur die Umgangs- und Kultursprache, es war und blieb die Muttersprache des größten Teiles der Bevölkerung. Eigentlich blieb Czernowitz bis 1944 eine österreichische Stadt – seitdem gehört sie zur ukrainischen Sowjetrepublik.
Die verschiedenen Spracheinflüsse färbten natürlich auf das Bukowiner Deutsch ab, zum Teil recht ungünstig. Aber es erfuhr auch eine Bereicherung durch neue Worte und Redewendungen. Es hatte eine besondere Physiognomie, sein eigenes Kolorit. Unter der Oberfläche des Sprechbaren lagen die tiefen, weitverzweigten Wurzeln

der verschiedenartigen Kulturen, die vielfach ineinander-
griffen und dem Wortlaub, dem Laut- und Bildgefühl Saft
und Kraft zuführten. Mehr als ein Drittel der Bevölkerung
war jüdisch, und das gab der Stadt eine besondere Fär-
bung. Altjüdisches Volksgut, chassidische Legenden »lagen in der Luft«, man atmete sie ein. Aus diesem barocken
Sprachmilieu, aus dieser mythisch-mystischen Sphäre
sind deutsche und jüdische Dichter und Schriftsteller hervorgegangen: Paul Celan, Alfred Margul-Sperber, Imma-
nuel Weißglas, Rose Ausländer, Alfred Kittner, Georg
Drozdowski, David Goldfeld, Alfred Gong, Moses Ro-
senkranz, Gregor von Rezzori, der bedeutendste jiddische
Lyriker Itzig Manger u. a.

Czernowitz war häßlich und schön: architektonisch stillos,
uninteressant, aber landschaftlich lieblich und von eigen-
tümlichem Reiz. Eigentlich ist die Stadt ein enormer
Hügel. Vom Flußtal des Pruth erhebt sie sich in steter
Steigung ungefähr 150 bis 200 Meter bis zum waldgroßen
Volksgarten. Auch andere hügelige Naturparks und viele
blumenreiche Privatgärten zierten die Stadt. Sie ist von
einer Kette prächtiger alter Buchenwälder umschlossen,
wo Amseln, Drosseln und Nachtigallen sommers ihren
Stimmen freien Lauf lassen.

Östliches Kulturzentrum und seit 1875 Universitätsstadt,
aber auch eine lebhafte Industrie- und Handelsstadt, wirt-
schaftliches Zentrum eines großen Einzugsgebietes, das
nicht nur die ganze Bukowina, sondern auch Nordbessara-
bien und den nördlichen Teil der Moldau umfaßte. Man
las viel, nicht nur Zeitungen, Zeitschriften, Sekundärlite-
ratur und Unterhaltungslektüre, sondern gute, beste Literatur. Man diskutierte mit Feuereifer, musizierte und
sang. Das Stadttheater war immer gut besucht, bei Gast-
spielen ausverkauft. Ein beträchtlicher Teil der Jugend,
geistig aufgeschlossen, war von unersättlicher Wißbegier.
Das zentrale Interesse vieler Intellektuellen galt nicht dem
ehrgeizigen Planen einer einträglichen Karriere, nicht
einem technisch höheren Lebensstandard, es ging ihnen

vielmehr um erkenntnisreiche Einsichten, sei es auf Wegen der Wissenschaft, Philosophie, Politik oder durch das Erlebnis von Mystik, Kunst, Dichtung und Musik. Ein Teil der intellektuellen Jugend war politisch engagiert – es war kein »Salon«-Engagement. Diese jungen Menschen brachten die schwersten Opfer, wurden in den Kerker geworfen, mißhandelt und von der Polizei auf grauenvolle Weise gefoltert, ohne über und gegen ihre Genossen etwas auszusagen. Ein anderer Teil der Jugend war musisch interessiert. Trafen sich Freunde, geriet man in leidenschaftliches Diskutieren über philosophische, literarische, künstlerische Themen und Probleme – bis in die Morgenstunden. Oder man kam gesellig zusammen, sang deutsche und andersspraschige Volkslieder, ebenfalls bis in die Morgenstunden. Die Jugend hatte Zeit oder nahm sich Zeit – Studium und die berufliche Arbeit waren Nebensache, eine peinliche Notwendigkeit.

So entstand beim intellektuell orientierten Teil der Bevölkerung ein auch in der Vorkriegszeit ungewöhnlicher Lebensstil: Weltfremdheit und Nichtbeachtung der umdüsterten Realität als Ausdruck des Lebens in einer als »wesentlichere Wirklichkeit« empfundenen Welt der Ideen und Ideale. Bildhauer, Maler, Musiker, Dichter lebten, wenn sie keinem anderen Beruf nachgingen, von der Bewunderung ihrer Freunde und Mitbürger, die ihre Werke kauften, ihre Konzerte und Lesungen besuchten. Man empfand es als Pflicht, Künstler und Dichter zu unterstützen und zu fördern. Man schätzte nicht nur, was durch Verlage bekannt gemacht, durch hohe Auflagen berühmt geworden war: es war der ernste Respekt vor dem Schaffenden und seinen Werken, noch ehe sie veröffentlicht wurden. Als der großartige jiddische Fabeldichter Elieser Steinberg starb, dessen Fabeln erst nach seinem Tode erschienen (sie sind nur teilweise und mangelhaft ins Deutsche übersetzt – Paul Celan sagte mir, er wage sich nicht als Übersetzer an Steinberg heran), war die Trauer grenzenlos. Tausende bildeten eine geschlossene Kette, und man ging Hand in Hand den meilenlangen Weg zum Friedhof. Nicht die Witwe brach bei der Beerdigung zusammen: Steinbergs Freunde, bekannte jiddische Schriftsteller, Männer reifen Alters, konnten ihre Trauerreden nicht beenden und brachen in Tränen aus.

Czernowitz war eine Stadt von Schwärmern und Anhängern. Es ging ihnen, mit Schopenhauers Worten, »um das Interesse des Denkens, nicht um das Denken des Interesses«. Die orthodoxen Juden waren Anhänger, »Chassidim« des einen oder anderen »heiligen« Rabbi. Die Dinge der praktischen Lebensfürsorge waren ihnen unwichtig. Viele von ihnen hatten keinen Beruf, sie wurden von ihren Frauen erhalten, die stolz darauf waren, einen »Gelehrten« zum Mann zu haben, sie »lernten« ein Leben lang aus den »heiligen Büchern« und lauschten beseligt den weisen Worten ihres Rabbi. Die assimilierten Juden und die gebildeten Deutschen, Ukrainer, Rumänen waren ebenfalls Anhänger: von Philosophen, politischen Denkern, Dichtern, Künstlern, Komponisten oder Mystikern. Karl Kraus hatte in Czernowitz eine große Gemeinde von Bewunderern; man begegnete ihnen, die *Fackel* in der Hand, in den Straßen, Parks, Wäldern und an den Ufern des Pruth. Ein glühender Krausianer, nach dem letzten Krieg Universitätsdozent in New York, zeigte mir einmal ein Heft der *Fackel* mit den Worten: »Sehen Sie sich das an, ist das ›K‹ nicht der schönste Buchstabe im Alphabet?« – und er meinte es nicht als Scherz. Eine große Schar bekannte sich zur *Lehre* des bedeutenden Berliner Philosophen Constantin Brunner, der erst jetzt durch Übersetzungen ins Englische und Französische bekannt zu werden beginnt. In keiner anderen Stadt, auch nicht in seinem Berlin, hatte Brunner so viele ergebene Anhänger wie in Czernowitz. – Hier gab es: Schopenhauerianer, Nietzscheanbeter, Spinozisten, Kantianer, Marxisten, Freudianer. Man schwärmte für Hölderlin, Rilke, Stefan George, Trakl, Else Lasker-Schüler, Thomas Mann, Hesse, Gottfried Benn, Bertolt Brecht. Man verschlang die klassischen und modernen Werke der fremdsprachigen, insbesondere der französischen, russischen, englischen und amerikanischen Literatur. Jeder Jünger war von der Mission seines Meisters durchdrungen. Man huldigte selbstlos und mit vehementer Begeisterung. Begeisterung: ein Wort, das die moderne Kritik als »Pathos« oder Sentimentalität ablehnt. In dieser Atmosphäre war ein geistig interessierter Mensch geradezu »gezwungen«, sich mit philosophischen, politischen, literarischen oder Kunstproblemen auseinanderzusetzen oder sich auf einem dieser Gebiete selbst zu betätigen. –

Eine versunkene Stadt. Eine versunkene Welt.

Journalistische Arbeiten

Gedenkfeier für Elieser Steinberg

Sonntag, den 22. Mai [1928], haben Elieser Steinbergs Freunde und Bewunderer unter der Ägide des jüdischen Schulvereins in der Toynbeehalle zur ehrenden Erinnerung an die große Persönlichkeit und das schöpferische Wirken des abgeschiedenen Dichters eine Gedenkfeier abgehalten. Nach einer kurzen Einleitung des Vorsitzenden des jüdischen Schulvereins, Herrn Singer, ergriff Helios Hecht das Wort. In knapper Rede versuchte er, die Einzigartigkeit des Steinberg-Werkes zu beleuchten, der allen Wesen und stummen Dingen die verborgenen Zungen löste und sie uns durch eine Sprache und einen Rhythmus nahebrachte, der uns den Atem raubt und in uns Visionen von unendlichen Lebendigkeiten und Märchengestalten erweckt. Steinbergs Werk sei keine lokale, nationale Sache, es gehöre der ganzen Welt. Hernach erläuterte Dr. Bickel, was Steinbergs große Hinterlassenschaft uns und der ganzen Kulturwelt bedeute. Will man ihn auch nur als großen Fabeldichter verstehen, so ist er nur drei mächtigen historischen Gestalten anzugliedern: Äsop, Krylow und Lafontaine. Jahrhunderte altes, tief-weises Volksgut, Metaphysik, mystische Verbundenheit mit allem Seienden und eine neugeschaffene dynamische Sprache kennzeichnen das Werk Steinbergs. Die Feier wurde von Dr. Nathan Rosenblatt beschlossen, der mit Verständnis sechs erlesene Fabeln Steinbergs aus dessen im Druck befindlichen ersten Nachlaßwerke vortrug.

Etwas über Graphologie

Über Allgemeines wie Einzelnes auf dem Gebiet der Graphologie aufschlußgebend war der unter den Auspizien des *Deutschen Volksbildungsvereines* kürzlich im Deutschen Hause gehaltene Vortrag des Graphologen Helios Hecht.

Herr Hecht ging von den allgemeinen Gesetzen der Graphologie – psycho-physiologischer Parallelismus zwischen Schrift und Charakter – zu den Sonderthemata »Namensbezeichnung«, »Kalligraphie« und »Berufscharakter in der Schrift« über, die er in dem ihm eigenen Erzählerton behandelte.

Ein Panorama von Namensunterschriften zog an uns vorüber. Es ist ohne weiteres einleuchtend, daß jede Namensbezeichnung ebenso einmalig ist wie das Individuum selbst. Dennoch lassen sich aus den Grundtempi Gruppen klassifizieren. So unterscheidet die Graphologie verschiedene Namensbezeichnungen und Paraphen, die speziell die effektiven Charakterzüge des Schrifteigners zum Ausdrucke bringen, wie die Einkreisungsparaphe Egoismus und Selbstbesessenheit bekundet, die in einem Endstrich abstürzende Blitzparaphe jähe Entschlossenheit und dergleichen. Freiheit ergibt erst [als] Komponente aller Merkmale das wissenschaftlich begründete graphologische Urteil.

Sehr anschaulich führte der Redner weiter aus, welch krasser Gegensatz zwischen der monoton-geistlosen Kalligraphie und der abwechslungsreich lebendigen natürlichen Schrift besteht. Der Geistig-Adelige, der Künstlerisch-Produktive, der Gelehrte, löst die Schrift in die einfachsten Grundelemente auf und bedient sich in ökonomisch vornehmer Schlichtheit nur der unbedingt notwendigen Schriftzeichen, verzichtet also auf jedes dekorative Beiwerk.

Fesselnd waren die Ausführungen Helios Hechts über den

»Berufscharakter in der Schrift« anhand lehrreicher Beispiele und Erläuterungen.

Die Graphologie, diese junge Wissenschaft und alte Kunst, erfährt heute von seiten der Intellektuellen nicht ganz die ihr zukommende Würdigung. Häufig wird sie noch mit Afterwahrheiten wie Wahrsagekunst, Astrologie und dergleichen in eine Reihe gestellt. Daß das, was der Mensch *bewußt* tut, wie er spricht, wirkt und schreibt, seine Eigenart und seinen Charakter ausdrückt, daran zweifelt ja niemand. Um wieviel eher müssen sich gerade in dem *Wie* seiner unbewußten Gesten und Empfindungen seine eigentlichen Anlagen offenbaren!

Helios Hecht ist kein geborener Redner, wohl aber der geborene Graphologe. Was ihm an logischer Bindung, Systematik und strenger Geschlossenheit im Vortrag abgeht, ersetzt er reichlich durch Klarheit des Ausdrucks und farbenreich-bekennende Sprache.

Schöpferisch aber wird er, wenn er, allem Formellen ledig, das Innengemälde eines Menschen, Geist und Gemüt in seinem Spiegel prophetischer Intuition auffängt und wieder zurückwirft. Da wird er selbst zum schaffenden Künstler; realistisch wahr und dichterisch verklärend, komponiert er das im Aug Erfaßte zur Sinfonie einer Menschenseele.

Ehefragen

Über diesen Gegenstand hielt Dr. Alfred Adler Donnerstagabend, den 27. März [1930], vor dem deutschen Jugend-
bund in Bleecker Str. einen Vortrag, der in seiner logisch-
systematischen Gliederung, vor allem aber formal wie ein
geschlossenes Kunstwerk wirkte.

Adlers auf diesem Gebiete aufgebaute Lehre, die sich in
ihrer Struktur wie eine Pyramide emporhebt, setzt sich
vornehmlich aus drei Schichtungen zusammen, aus denen
die drei Grundprobleme des Lebens erwachsen; auf diese
sind alle anderen Probleme zurückzuführen, und ihre richtige Lösung ist zugleich die umfassendste Beantwortung
aller Sphynxfragen nach dem Sinne des Lebens. Darnach
bildet die fundamentale Schicht unser Verhältnis zur
Erde, was Arbeit bedeutet; die zweite Schicht unser Verhältnis zu den Mitmenschen, woraus das Gesellschaftspro-
blem erwächst; die Gipfelschicht als Pyramidenkrönung
stellt die Beziehung zwischen den Geschlechtern, also
Liebe und Ehe, dar. Ohne Arbeit, Gesellschaft und Liebe
könnte die Menschheit, könnte der Mensch nicht bestehen. Darum ist in jedem Menschen der Trieb zur Gattungserhaltung als eine besondere Form des Egoismus gelegt. So werden also Arbeitsbeitrag, Gemeindrang und
Ehe, obgleich egoistischen Ursprungs, dennoch zu einer
ethischen Forderung, weil sie eben das Ganze der Gattung
und die Sicherung ihrer Zukunft bedeuten.

Nach Adler hat die Erziehung gleich nach der Geburt des
Erdensprößlings in der angegebenen Richtung einzuset-
zen, denn im vierten, höchstens fünften Lebensjahre ist
schon der »gesamte Lebensstil« des Kindes herausgebil-
det. Wo dieses Gemeinschaftsgefühl in das Kind nicht
rechtzeitig hineingepflanzt worden ist, da entstehen eben
alle diese Psychosen und Neurosen des beitragsuntüchti-
gen Menschen, etwa der Typus des Ehescheuen, des einsamen Sonderlings, des Selbstmörders, des sexuell Perver-

tierten, des Verbrechers in den mannigfachen Auswüchsen und Äußerungen... In unserem Verhalten zum andersgeschlechtlichen Menschen wären der Grad und die Qualität unseres Gemeinsinns zu erkennen. Liebe und Ehe hören darnach auf, eine Privatsache zu sein, weil von ihnen Wert und Gestaltung des Zukunftsmenschen abhängt. Zur Ehe, eine Aufgabe für zwei Menschen, ist man nur dann richtig vorbereitet, wenn erstens beide Partner aneinander mehr interessiert sind als an sich selbst, zweitens, wenn beiderseits ein völliges Gleichheits- und Gleichwertigkeitsgefühl herrscht. Einem Überwertigkeitsgefühl des einen Teils muß notwendigerweise Minderwertigkeitsgefühl der anderen Hälfte folgen. Der Inferioritätskomplex der Frau ist einleuchtend aus den Machtverhältnissen des Mannes entstanden, weil unsere Kultur die des Mannes ist. Man wird demnach das Ergebnis einer Umfrage unter Chicagoer Schülerinnen verstehen, von denen 42 Prozent als Männer geboren zu sein wünschten.

Die Liebe, unter dem Aspekte der Zusammenarbeit und der Zukunftsfürsorge verstanden, kann nur in der Einehe ihren einzigen und richtigen Ausdruck finden. Die Ehebindung muß einen Entschluß für die Ewigkeit bedeuten.

Dazu einige Anmerkungen: Die von Adler herausgemeißelten drei Hauptprobleme der Menschheit – ein viertes könne ihm keiner nennen – scheinen mir nun eine neue Terminologie für die von Spinoza deutlich aufgezeigten egoistischen drei Grundtriebe im Menschen zu sein: Besitzsucht, Ehre-Eitelkeitsruhm und Sinneslust. Besonders zurechtgestutzt und mit einigem Kulturlack überglänzt, präsentieren sie sich als ethische Forderung. Aus diesen dreien alles Gemeinschaftsgefühl ableiten wollen, stellt unseren Egoismus keineswegs auf eine neue Grundlage. Aber jene letzte und höchste Forderung, die Adler aufstellte, nämlich ein größeres Interesse für den Anderen als sich selbst zu bekunden, also Altruismus, kann auf diesem Boden nicht gedeihen. Das ist in einem vierten Problem gegeben, und es gibt ein solches, das unseren Egoismus überwächst oder ihm das höchste Ethos verleiht: unser künstlerisch-mystisches Bedürfnis. Dieses Gefühl trägt jeder Mensch in sich – bewußt oder unbewußt. Wir sind nicht nur ein Teil der Erde und der Menschheit, sondern darüber hinaus ein Sonnenstäubchen im kreisenden Kosmos, ein mitschwingender Strahl aller unendlichen Lichtquellen, ein Ton im Liedreigen der Sterne. Über unser Gattungsbewußtsein und Erdgefühl – beides nur Triebrichtungen der Arterhaltung – hebt uns ein mystisches Gesetz empor, ein Ahnen oder gar Wissen von der Einheitlichkeit und Allverwirktheit der Dinge.

Wer von solchem Sternenerleben hinabsteigt in sein irdisches Sein, bringt Glanz und Verklärung ins Leben mit und kann dann nur überselbstisch lieben, wie er sonst als Gattungsträger nicht lieben kann. Liebe als Zukunftstrieb der Arterhaltung ist reinrassiger Egoismus. Kann diese zum Ideal erhoben werden? – Wenn man an die altehrwürdige Weisheit der Veden und an die Lehre Schopenhauers denkt, betrübt die Vorstellung, daß unsere Gattung völlig verschwände, durchaus nicht. Unser Denken wie unsere Sehnsucht verlegen das Ideal in das Qualitative, in das Schöpferische, nicht in die Existenz an sich. Die Lösung des vierten Problems wäre demnach Gattungserhöhung, nicht Gattungserhaltung. Das Erste bedingt das Zweite, nicht aber umgekehrt.

Für Dr. Adler scheinen Anlagen und Vererbung fiktive Begriffe zu sein, mindestens wissen wir nichts von den Anlagen, sagte er. Erziehung und Umgebung formen das Individuum. Eigenschaften sind gewinnbar, also auch verlierbar; die Erziehung kann alles in uns legen und aus uns machen. Überwertung ihrer Findungen und Ideen ist ein altes Erbübel unter fast allen Gelehrten. Der Physiologe will vom Seelischen nichts wissen, der Psychologe vergißt, daß Seelisches und Körperliches nur zwei Ausdrucksformen einer identischen Wesenheit sind. Wenn Erziehung

alles bedeutete, dann wäre die Bemerkung des Vortragen-
den bezeichnend, es hätte wohl seinen tieferen Sinn, daß
der Vater Beethovens noch einige Monate vor dessen Geburt gesagt haben soll: »Wenn unser Kind ein Knabe wird,
soll er mir ein zweiter Mozart werden.«

War der Wille der Eltern und ihr nachmaliger, dahinge-
richteter Einfluß die Ursache dieses Musikgenies? – So
gibt es denn kein Mysterium des Genies mehr. Ohne
Zweifel setzen sich bei jeder Art der Erziehung Tempera-
mentsunterschiede durch. Selbst wenn wir die Annahme
gelten lassen, daß im Menschen alle möglichen Fähigkeiten und Eigenschaften latent sind, so müssen sie doch bei
jedem in verschiedener Stärke zum Ausdruck kommen.
Die Auffassung von der starren Unveränderlichkeit der
Anlagen wäre ebenso einseitig. Der Wert der Erziehung
bleibt unbestritten, man kann aber nur die besonders pro-
noncierten Eigenschaftsfaktoren heraufholen. Ein guter
Erzieher wird frühzeitig die Anlagen des Kindes abhor-
chen, sondieren, die guten zu fördern, die negativen zu
verdrängen suchen.

Adler weiß nicht, ob der Mann monogam oder polygam
sei, aber er stellt die Einehe als moralischen Standard der
Liebe auf. Die Ehe soll gekittet, gefestigt, moralisch-ge-
setzlich geregelt sein als ein Bund, der Liebe voraussetzt.
Liebe ohne Ehe könne nicht von Bestand sein. Ja, die Ehe
wohl, doch nicht die Liebe kann je eine Verpflichtung
sein, weil sie nichts mit Logik und Verstand zu tun hat, sie
ist lediglich Empfindungssache. Es ist eine schöne Forderung, aber die Tragik in den meisten Ehebindungen liegt
weniger in einer falschen Erziehung und Auffassung als in
der verschiedenen Beschaffenheit und Empfindungsweise
der beiden Geschlechter. Die Eheform ist eine Sache des
jeweiligen gesellschaftlichen Übereinkommens, wohl aber
ist die Liebe vom ewigen Bestande. – Die Ehe wird in der
Kirche geschlossen, die Liebe aber ist im Himmel besie-
gelt. Von einer moralischen Regelung kann da keine Rede
sein, wohl aber von einer gesetzlichen Verpflichtung, die

auf die Wandlungen des Menschenherzens keine Rücksicht nimmt. –

Gewiß ist der Begründer der Individualpsychologie ein feiner Menschenkenner, ein kluger Beobachter, doch bleibt er stets der Praktiker, der Routinier des Lebens, der seine Schüler und Zuhörer charmiert, fesselt und durch das soziale Schlagwort »Mitarbeit, Gemeinsinn« gewinnt und begeistert, aber zur Höhe einer allgemeingültigen psychologischen Abstraktion hat er es nicht gebracht. Seine Lehre verhält sich zu den tieferen und letzten Problemen des Lebens wie etwa Bildung zum Geiste. Bildung ist Erziehung, Tünche, Firnis, Form, Geist Inhalt, unverlierbarer Besitz; dieser ist dynamisch wie die Sonne, ausstrahlend, gebend, befruchtend; jene ist egoistisch, stets nehmend, fordernd, hochmütig, bestenfalls nur reproduktiv. – Bildung und Hungerbefriedigung ist das Anrecht aller Menschen; das muß man ihnen gewähren, Geist wird ewighin das Privilegium Einzelner bleiben. Das kann man nicht anerziehen, nicht okkulieren – auch dann nicht, wenn man ihn hat. – Die richtige soziale allgemeingültige Formel sollte heißen: die guten Anlagen des Menschen wirksam machen, seine Fähigkeiten zur höchsten Fertigkeit ausbilden, um sie dann für den Dienst des Allgemeinwohls zu gewinnen. – Erziehung, Mitarbeit, Pflichtsinn, Ehe und Treue sind in dieser Formulierung des sozial erzogenen Menschen von morgen keimhaft enthalten.

Wilhelm Benignus gestorben

Eine gütige Seele ist von uns abgeschieden, Wilhelm Benignus, der Dichter des Hudson, hat diese Erde für immer verlassen. Still, wie er lebte, ist er uns entschwunden. Plötzlich, auf der Fahrt nach New Jersey, übermannte ihn der Obsieger alles Lebens, der Tod, und er leidet nicht mehr, und ihm kann nicht mehr so kalt sein als unter der Kälte dieser Menschen, die sein stilles, scheues Lächeln nicht verstanden und achtlos an ihm vorübergingen. Nun ist er für immer hinübergegangen, und er hört unseren letzten Gruß nicht mehr, den wir ihm aus überströmendem Herzen zurufen.

Wilhelm Benignus, der an der Schwelle der Siebziger stand, war ein Mensch von schweigender Güte und von einer Lauterkeit des Charakters, die in der Geschäftsbeflissenheit und Gemütsarmut unserer Tage geradezu ergreifend wirkte. Voll inniger Naturliebe und gläubiger Hingabe an alles Heilige und Ideale, überfloß er in Hunderten schwebendlichter Lenzlieder, sprang er in jubelnder Knabenheiterkeit über Hain und Hügel, sang er seine tiefgläubige Menschliebe und Höhensehnsucht in die Welt, von der kein Echo zu ihm zurückschlug. – So schritt er durch diese Stadt des ewigen Lärms, Lärmens und der großprahlerischen, leeren Gesten, – und sie berührte ihn nicht; er konnte trotzdem heiter lächeln und singen. Reich war dieses Kindergemüt eines Greises an Stille und Gesang und überirdischem Hoffen, so überreich, daß die Steinwüste New Yorks sich in ihm zum Rosenhain wandelte. Er schritt bescheiden und nachdenklich gesenkten Hauptes durch diese Zeit der Maschinenherrlichkeit und goldsuchender Klugheit und blieb unberührt von dem Getriebe in seinem innersten Wesen, keusch in seiner Schlichtheit des Empfindens und des Wortes: er blieb der selige, unzerstörbare Romantiker, dem die Erde blau war wie der Himmel, und Erde und Himmel waren ihm das Symbol der

Unvergänglichkeit unseres kosmischen Wesens. Wie aus seinen klaren, gütigen Blauaugen, so sprach auch aus fast allen seinen Gedichten Himmelsehnsucht und Menschenliebe. Ja, seine Gedichte sind Lieder, Lieder für Junge und für heitere Alte, für Verzagte, für Begeisterte und für Liebende. Und war auch sein Leben schwer und einsam, nicht durchwärmt und getröstet von nahen Menschen und nicht geborgen gegen wirtschaftliche Nöte, so war er, der Stille und gleichsam uns Entrückte, in seinem Leben schon, obgleich arm und unerkannt, doch ein Genießer und Reicher in seiner Phantasie, die ihn flugs aus Stadt und Steinen in die grüne Weite der Naturlandschaft trug, in seine eigentliche Heimat. Er wanderte auch viel in seinen jungen Jahren und hat seine Eindrücke und Erlebnisse in einige prachtvoll-starke Gedichte gemeißelt. Das blieben denn auch, künstlerisch gewertet, seine besten Sachen. Doch es fällt mir gar nicht ein, hier und heute mit Kritik und Analyse zu kommen. Wilhelm Benignus war ein Mensch, der ganz im Dichterischen, in Musik, in der Mystik des Allgeschehens lebte und darum vielleicht leidlos verschied.

Wir aber, noch auf der aktiven Seite des Geschehens, sehen das uns so bekannt und geliebt Bewegte eines Menschenkörpers und einer Menschenseele zerbrechen und entwerden, und unser ist das Trennungsweh. Vor kurzem noch war er bei uns, wir hielten seine Hand, – nun ist er uns entschwunden. Und unser letztes Lebewohl hört der Teure nicht mehr.

Chamäleon

Diese Veranstaltung war dadurch bemerkenswert, daß hinter der Gesamtleistung, die eine bunte Reihe von Motiven ihrer textlichen, musikalischen und szenischen Verarbeitung bot, eigentlich nur eine Persönlichkeit steht: Simche Schwarz. Dieser junge, künstlerisch vielseitig veranlagte Mann ist nicht nur der Initiator der Kleinkunstbühne *Chamäleon*, sondern hat auch zum größten Teil die Rollen des Dichters, Komponisten, Regisseurs und Schauspielers in sich vereinigt. Alle Possen – das sind die Bilder fast durchwegs – tragen die eigenartige Note seiner künstlerischen Persönlichkeit – groteske, tragikomische Dramatik –, die in ihrer knappen Skizzierung der Phantasie freien Spielraum lassen. Die einzige Ausnahme davon bildete der melodramatische, von Schwarz verfaßte und komponierte Schlager *Der Zeitunsvarkoifer* – eine bühnenwirksame, doch leicht kitschige Nummer –, der wohl wegen seines tendenziösen Charakters die Zuhörer zu einem wahrhaft frenetischen Orkan von Begeisterung hinriß. Die Motive der anderen Bilder sind aus dem jüdischen Volksborn geschöpft. Von Spiel und Handlung abgesehen, waren die Szenen als lebende Bilder kleine Kunstwerke an Dekoration und Charakterkostümierung. Was jedoch das Gesamtspiel als solches betrifft, so konnte man das peinliche Gefühl dilettantenhafter Unfertigkeit und Unsicherheit nicht bannen. Für diesen Mangel jedoch entschädigte ein Darsteller, dessen Spiel sich nicht nur von diesem Milieu tiefenhaft abhob, sondern an sich eine Leistung von künstlerischem Gepräge war: Avner Barak. Das war eine mit den Rollen organisch verwachsene, elementare Gestalt, voll mimischer Bewegtheit und groteskem Schwung. Schwarz hat mit dieser Arbeit bewiesen, daß er, neben seinen anderen Talenten, vor allem ein bedeutender, ideenreicher Regisseur ist, voll reicher Phantasie, groteskem Humor und szenischer Gestaltungskraft. Es ist sehr zu wünschen, daß er in unserer Stadt eine ständige jüdische Bühne leite, die einmal von dem melodramatischen Schund abweicht.

Kinder-Ferienkolonie Bijenca

I. Allgemeine Eindrücke

Im Herzen des lieblichen Tales Bijenca, das rings von einer dichtbewaldeten Bergkette umgürtet ist, befindet sich die Kinder-Ferienkolonie. Ihre Initiatoren, Elieser Steinberg, Dr. Meyer Rosner, Prof. Chaim Lecker und Dr. J. Schäfler, gründeten sie im Jahre 1920; Elieser Steinberg und Dr. M. Rosner weilen nicht mehr unter den Lebenden. Schon die Tatsache, daß eine geistige Persönlichkeit wie Elieser Steinberg der Vater dieser Institution ist, der sie durch 12 Jahre mit schöpferischer Pädagogik und Liebe großgezogen hat, ist eine Gewähr dafür, daß es sich hier um eine bedeutsame Sache handelt, der wir unsere Unterstützung nicht versagen dürfen. Elieser Steinberg, der geniale Fabeldichter, der uns jetzt schon in der Gloriole der Unsterblichkeit erscheint, hat mit tiefer Hingabe den erzieherischen Lehrplan, an dem noch heute festgehalten wird, für die Kinderkolonie ausgearbeitet und zum Teil selbst angewendet. Viele Sommer lebte er mit den Kindern in Bijenca als ihr Vater, Lehrer, Freund und Gespiele, und eine fremdartige Märchenwelt erblühte ihnen aus seinem Munde. Seine erzieherische Methode will im Kinde vor allem die eigenen Charakterwerte zutage fördern, aus denen Solidaritätsempfinden, Phantasie, Gemeinsinn, Selbsterziehung, Selbstzucht, Ehrlichkeit und Klarheit erfließen. Das Lehrprogramm, auf modernstem Anschauungsunterricht aufgebaut, umfaßt: jüdische Sprache, Einführung in die jüdische Literatur, ins Volkslied, ins allgemeine Wissen, Rhythmisierung der Lieder, Tanz, Gemeinschaftsspiele, Theaterspiel, Turnen usw. Zum Gelingen dieses Werkes tragen die Lehrer A. Hauselmann, M. Surkes, Vera Altmann u. a. viel bei, die seit Jahren, ohne Anspruch auf Belohnung, mit restloser Hingabe dieser Arbeit sich widmen.

Mit gleichem selbstlosem Eifer arbeiten Herr J. Singer, Präsident des Schulvereins, Dr. E. Felder, Sekretär, und Herr A. Barak, wirtschaftlicher Leiter, für die würdige Sache.

Doch nicht allein als pädagogisches Institut, sondern auch als Hilfswerk an sich hat die Kolonie volle ethische Berechtigung und Anspruch auf Förderung. Man bedenke: Kinder aus den verschiedensten jüdischen Schichten, aus den allerärmsten Kreisen der Bevölkerung, zum Teil aus den völlig deklassierten, Kinder, die sich in Jahren nicht satt gegessen haben, die in nassen Kellerhöhlen hausen, von Krankheit, Schmutz, Hysterie der Eltern umgeben, Kinder, die nie in ihrem blassen Leben die Gnade eines Gartens, eines Flußbades, eines fröhlichen Liedes, einer freien, kameradschaftlichen Sphäre erlebt haben, werden in eine Umgebung versetzt, die ihnen als eine wahrgewordene Wunderwelt erscheinen muß. Hier leben sie zum ersten Mal in einer Atmosphäre der Sauberkeit, des Gepflegtwerdens, der grünen weiten Räume mit Sonne, Wäldern, Wiesen, Fluß, mit Spiel und Tanz und Fröhlichkeit; sie werden von ihren älteren Freunden, den Lehrern, ernst genommen, sie dürfen jauchzen und jubeln und fühlen, daß sie Kinder sind, Freie, Unbeschwerte! Fünfmal täglich bekommen sie schmackhaftes, kräftigendes Essen, sie schlafen in sauberen Betten, und es gibt keine Schläge, keine Scheltworte: eine Welt ohne Schläge ist ihnen ja schon das Paradies! Ihre im Elend abgemergelten Körperchen kräftigen sich, in die bleichen Wangen steigt die zarte Röte der Gesundheit, die Augen werden groß und leuchtend. Sie schließen sich vor einander auf, erzählen einander aus ihrer Vergangenheit, üben sich, aus diesen Stoffen selbst Märchen zu gestalten, und werden dichterisch im kleinen Kreise ihrer Spiele.

II. Das Kindergericht

In freundschaftlicher Weise wird den Kleinen die Methode und der Zweck der pädagogischen Arbeit erklärt; ihr soziales Gewissen wird durch ein psychologisches System von Fragen nach und nach wachgerufen. Auch darin war Steinberg der große Lehrer. Er erfand das Kindergericht, eine Einrichtung, die am ehesten geeignet ist, Kinder zum Nachdenken und zum Verantwortungsgefühl anzuspornen. Allsonntäglich findet ein solches Kindergericht statt. Ein Vorsitzender und 12 Geschworene (6 Mädchen und 6 Knaben) werden gewählt, Staatsanwalt und Verteidiger melden sich freiwillig. Der Vorsitzende liest die Anklage vor: Ein Knabe hat ein Mädchen geschlagen; ein Mädchen hat einen Knaben angespien und ihn »Rotzbub« genannt; ein Kind hat grüne Äpfel gepflückt, usw. usw. Die Angeklagten werden vorgeladen und müssen sich verteidigen. Welch ein Material für den psychologisch Interessierten! Die ganze Skala menschlicher Affekte erklingt, bei einem Kind tritt der Egoismus kraß und ungeschminkt hervor, beim andern wird er mit sophistischen Vorwänden geschickt verdeckt. Die einen sind feig und zerknirscht, die andern treten dreist heraus und geben mit klarer lauter Stimme die Motive für ihre »Sünden« an.
Ein 10jähriger Junge hat ein 8jähriges Mädchen geschlagen, weil sie mit andern Knaben spielte, obwohl er ihr Naschwerk geschenkt hatte! Die Aussage eines angeklagten Knaben ergibt, daß der Junge, den er angeblich geschlagen habe, ein Muttersöhnlein und ein »Quatsch« sei, der bei der leisesten Berührung gleich Zeter und Mordio schreie. Das Mädchen, welches den Kameraden angespien hatte, sagt aus, daß der Knabe ihr von Anfang an unsympathisch war, weshalb sie es nicht ertragen konnte, daß er sie beim Spielen beobachtete. Da er alle ihre Verwarnungen, sich zu trollen, in den Wind geschlagen habe und stehen geblieben war, sei sie in Zorn geraten und habe ihn angespien und beleidigt. Der Staatsanwalt erhält das

Wort. In scharfer, prägnanter, fließender Rede wiederholt, erhärtet er die verübten »Verbrechen«: Der eine Knabe habe diese Woche wieder gesündigt, weil es dem Verteidiger letzte Woche gelungen war, ihm einen Freispruch zu sichern. Das Speien faßte er nicht allein als eine Beleidigung auf, sondern als Gefährdung, indem er feststellte, daß sich im Speichel oft schädliche Bazillen befinden, die den Angespieenen zu Schaden bringen könnten. In jedem Falle besteht er auf Bestrafung und appelliert an das ethische Gewissen der Geschworenen. Der Verteidiger, ein 12jähriger Junge, geistig klar, ein Schönredner und Psychologe zugleich, findet für jeden Fall ein entlastendes oder mindestens abschwächendes Motiv. Er beurteilt die Tat nicht als Tatsache, sondern als ein unglückliches Produkt verborgener innerlicher Prozesse; dies gelingt ihm oft meisterhaft. Den etwas schwachsinnigen Knaben, der grüne Äpfel gepflückt hat, entschuldigt er mit dem Sprichwort, daß »verbotene Früchte süß« seien und daß ihm »eine Nadel im Kopfe fehle«. Der verzärtelte Knabe, der jüngst eine Blinddarmoperation durchgemacht hat, krankt an der Einbildung, daß auf seinem ganzen Körper der operierte Blinddarm sei, und jede Berührung empfinde er gleich als einen Schlag auf seine Wunde. Das interessanteste Argument wendete der jugendliche Anwalt bei einem Angeklagten, der mit Ohrfeigen freigebig gewesen war, an: da er ein Drillingskind sei, hätte sich auch der Verstand in drei Teile geteilt, und von einem Drittel Verstand dürfe man kein vollständiges Verantwortungsgefühl fordern. Wieder hält der Staatsanwalt eine summarische Anklagerede und warnt die Geschworenen, von den »honigsüßen Worten« des Verteidigers sich betören zu lassen.

Die Geschworenen ziehen sich zur Beratung zurück, um über alle vorgetragenen Fälle abzustimmen. Auch hier kann man interessante Studien anstellen. Die meisten Mädchen sind für Freispruch oder milde Strafen, die Mehrzahl der Jungens fordert Bestrafung. Schließlich kommt eine Einigung zustande, die Strafen werden verhängt: zwei Tage kein Kompott essen dürfen; einen Tag Verbot, im Flußbad zu baden; den nächsten Ausflug nicht mitmachen dürfen usw. usw.

Und wieder tummeln sich die lieben Kleinen auf dem Rasen, baden in Licht, Sonne, Waldluft und Wasser und blühen frisch und unschuldig wie die Feldblumen rings um sie. Diese 4 Wochen sind ein Lichtpunkt in ihrem finstern Leben, ein ernster Anstoß für ihre fernere geistige Entfaltung.

Dieses Werk, das in den ersten Jahren stark von ausländischen philanthropischen Instituten unterstützt wurde, in den letzten Jahren aber ganz auf einheimische Hilfe angewiesen ist, droht zusammenzubrechen, wenn nicht rasche Hilfe kommt. Dies ist ein Appell an das Czernowitzer Publikum!

Zur Spinoza-Festschrift

Obschon die von Siegfried Hessing anläßlich des 300. Geburtstages Spinozas herausgegebene *Spinoza-Festschrift* bereits vor etwa einem Jahre erschienen ist, wird es auch jetzt nicht zu spät sein, das philosophisch interessierte Publikum darauf hinzuweisen.

Die Tatsache, daß gerade ein Mann aus unserer Mitte es unternommen hat, eine Anthologie dieser Art – und natürlich unter den größten finanziellen Schwierigkeiten – zu publizieren, verdient an sich schon unsere Anerkennung. Doch auch der adjektive Wert der Sammlung ist nicht zu verkennen. Namentlich einige bedeutende Beiträge erheben die Schrift über das Mittelmäßige auf ein durchaus würdiges Niveau künstlerisch-philosophischen Ausdrucks. Da ist – allen voran – die hinreißende Schilderung Romain Rollands *Der Lichtstrahl Spinozas*, die uns auf ergreifende Weise die »Feuerworte Spinozas« miterleben läßt, wie sein (Rollands) heißes, suchendes Jünglingsgemüt sie unter seelischen Schauern in sich aufgenommen und seine Innenwelt sich entscheidend durch sie geformt hatte.

Dem Charakter des Buches entsprechend sind eine Reihe von Beiträgen Huldigungs-Reden, wie die von Siegfried Hessing, Max Grunwald, Marc Marcianu, Ignacy Myŝlicki, I. Niemirower, Jon Petrovici und Arnold Zweig. Immerhin stellt diese Sammlung einen kleinen Ausschnitt aus dem ins Gigantische wachsenden Stoff der zahllosen Auffassungen spinozischer Weltanschauung. Zeigt uns Marc Marcianu in seinem begeisterten Bekenntnis »Spinoza als streng monistischen Pantheisten«, so will uns der begriffstheoretische Aufsatz Carl Stegels beweisen, daß das Denksystem Spinozas grundsätzlich dualistischen Charakter trägt. I. Petrovici sieht in Spinoza den reinen Menschen, der allen Nationen angehört; Nahum Sokolow, Joseph Klausner (in seiner interessanten und anregenden, aber recht einseitigen Studie) finden Spinoza und

seine Lehre typisch jüdisch. Arnold Zweig in seinem geist-
vollen Artikel *Der Schriftsteller Spinoza* hebt den geistigen
Formwillen des Westjuden Spinoza, der sich ins All wei-
tet, gegenüber den in der Beschränkung ihrer Gemeinde
sich auswirkenden Ostjuden hervor; Martin Buber hingegen stellt Spinoza tief unter den Baalschem und läßt den
Chassidismus des letzteren als eine auf intime Verschmelzung der Seele mit dem »anredbaren« Gott fußende höhere Form des Erkennens über den kalten, unpersön-
lichen Gott Spinozas triumphieren. Der Beitrag Bubers,
so geistreich aufgebaut und sprachlich meisterhaft er ist,
paßt übrigens in dieses Buch wie die Faust aufs Auge;
er sprengt gewaltsam den Rahmen dieser Festschrift,
die wohl aus verschiedenfarbigen, aber miteinander im
Grundton harmonierenden Auffassungselementen zusam-
mengefügt sein sollte. Auch andere Beiträge wirken in dieser Umgebung störend.

Eine gründliche historische Betrachtung um Spinoza stellt
Carl Gebhardt in seinem Aufsatz *Der gotische Jude* an. – Besondere Beachtung verdient die wertvolle, gediegene Arbeit von Vasile Gherafim *Die Bedeutung der Affektenlehre
Spinozas*, der einzige Artikel, der sich mit diesem wesentlichen Bestandteil im Gefüge des Spinozischen Systems,
der Affektenlehre und ihren psychologischen Folgerun-
gen, befaßt.

Doch bei allen Reibungen an der Oberfläche der Gedanken laufen die Ausführungen fast sämtlicher Beiträge in
der Tiefe der Grundideen zusammen: dem Gottbegriff,
der Gottesliebe und den ethisch-sozialen Prinzipien der
Spinozistischen Lehre. So tritt in diesem Buche mehr noch
als der Denker: der Mensch und Mystiker Spinoza in den
Vordergrund, und der »Amor Dei intellectualis« wird
zum Leitmotiv der spinozistischen Ideensymphonie, das,
in wechselnden Variationen, immer wieder anklingt, sich
in den anderen weltumspannenden Gedanken findet und
verwebt und in eine Melodie der Verheißung geistiger
Freiheit ausklingt.

Dem mir zugemessenen knappen Raume mich einordnend, war es mir anders nicht möglich, als nur einige charakteristische Beiträge flüchtig anstreichend zu besprechen. Doch sei mir noch verstattet, einige schlichte Worte aus einem Briefe Albert Einsteins an den Herausgeber hier zum Ausdruck zu bringen, die das Fundament der spinozistischen Ideenstruktur in lakonischer Klarheit so treffend aufdecken: »Spinoza ist der Erste gewesen, der den Gedanken der deterministischen Gebundenheit allen Geschehens wirklich konsequent auf das menschliche Denken, Fühlen und Handeln angewendet hat. Nach meiner Ansicht hat sich sein Standpunkt unter den um Klarheit und Folgerichtigkeit Kämpfenden nur darum nicht allgemein durchsetzen können, weil hierzu nicht nur Konsequenz des Denkens, sondern auch eine *ungewöhnliche Lauterkeit, Seelengröße und – Bescheidenheit gehört.*«

Salomon Wininger – 85 Jahre

Vor mehreren Wochen hat Salomon Wininger das ehrwürdige Alter von 85 Jahren erreicht.

In Gurahumora, Bukowina, geboren und bis Ende des Zweiten Weltkrieges in Czernowitz ansässig, führte Salomon Wininger ein stilles, zurückgezogenes Leben als Beamter. In seiner Jugend bemächtigte sich seiner eine Idee, die das zentrale Interesse seines Lebens werden sollte. Unbemerkt begann er an der Verwirklichung seiner Idee zu arbeiten, mit unbeirrbarer Zuversicht und einer Zähigkeit, die man dem sanften, weich anmutenden Mann nicht zugemutet hätte. Seine Hingabe, sein Fleiß waren grenzenlos. Unausgesetzt sammelte er: Namen, biographische Daten und Lebensläufe aller namhaften jüdischen Frauen und Männer aller Zeiten und Länder, die im Laufe der Geschichte etwas zu ihrer Gestaltung beigetragen oder sich in irgendeiner Weise ausgezeichnet haben. Das Material wuchs von Jahr zu Jahr und nahm immense Proportionen an. Vierzig Jahre lang sammelte und sichtete, bearbeitete und verdichtete S. Wininger das Material. Ein Hobby? So möchte es scheinen, bis das Resultat: ein Werk in 7 voluminösen Bänden unter dem Titel *Große Jüdische National-Biographie* in den Jahren 1927–1936 in Czernowitz erschien, die einzige jüdisch-biographische Enzyklopädie dieser Art in deutscher Sprache, die über 11 000 Lebensbeschreibungen enthält und einen umfassenden Überblick über den Anteil des Judentums an Wissenschaft, Wirtschaft, Politik, Kunst und Kultur ermöglicht.

Nicht allzu lange sollte sich das monumentale Werk – es bleibt unfaßbar, daß EIN Mensch es zustande gebracht hat! – des Lebens erfreuen: Hitler sorgte dafür, daß die gesamte Auflage in Flammen aufging.

Salomon Wininger u. seine Frau machten die Naziverfolgung während der deutsch-rumänischen Besetzung in Czernowitz 1941–1944 durch – eine Apokalypse aus Elend,

Erniedrigung, Horror und Not. Legte der schon damals im vorgerückten Alter Stehende etwa die Hände in den Schoß und brütete verzweifelt über das Unheil? Durch nichts aus dem Gleichgewicht gebracht, widmete S. Wininger auch in jenen Jahren des Grauens seine ganze Kraft und Zeit der Arbeit, der er sein Leben verschrieben hatte. Er sammelte, soweit es die Gettoeinschränkung und die menschenunwürdigen Lebensbedingungen zuließen, unentwegt weiter, ergänzte und bearbeitete das neue Material, um es für die zweite Auflage vorzubereiten – als stünde er nicht – wie alle Juden in Czernowitz – in dauernder Lebensgefahr und wäre nicht der fortwährenden Bedrohung ausgesetzt, nach Transnistrien in ein Todeslager verschickt zu werden.

Als ich ihn einmal im Jahre 1943 sah, lächelte er freundlich-mild und fragte mich mit entwaffnendem Optimismus: »Nun, meine Liebe, wie nutzen Sie diese Zeit, was schreiben, was dichten Sie? Gerade jetzt müssen wir den Feinden, die uns vernichten wollen, unser ›Dafke‹ entgegenhalten. Wir müssen schaffen, um zu überleben!« Sein Gesicht strahlte einen heroischen Willen aus, einen fanatischen Glauben ans Leben und Überleben, im nationalen Sinne, die mir Bewunderung einflößte.

Nach der Befreiung gelang es Salomon Wininger, mit seiner Frau nach Israel auszuwandern, wo er seither, in Ramat-Gan, lebt. Vor 2 Jahren erhielt ich zum ersten Mal nach 14 Jahren einen Brief von ihm, worin er mich um biographische Daten für die zweite Auflage der *Großen Jüdischen National-Biographie* ersuchte, die in Kürze in einem Berliner Verlag erscheinen soll. Vor einem Jahr schrieb er mir: »Ich arbeite fieberhaft an der Fertigstellung der ergänzten zweiten Auflage der Nationalbiographie und ich hoffe, ihr Erscheinen noch zu erleben.« Das wünschen ihm seine Freunde von ganzen Herzen – und darüber hinaus: daß er noch viele Geburtstage in geistiger Aktivität feiern möge!

»Manifest Alpha«

Neue Verse von Alfred Gong

Ein Jahr nach Veröffentlichung seines ersten Gedicht-bands, *Gras und Omega* (im Verlag Lambert Schneider, Heidelberg), mit dem sich Alfred Gong einen Platz in der Gegenwartslyrik errungen hat, ist ein zweites Lyrikbuch, *Manifest Alpha* (im Bergland Verlag, Wien), erschienen.

Vom Omega geht Gong zurück zum Alpha: zu den Anfän-gen seiner Existenz und zu seinen frühen Gedichten. *Entichtes Ich*, ein Zyklus von 11 Gedichten, ist – in der Nuß-schale – eine Rückschau auf Kindheit und Jugend und auf die Historie seiner Geburtsstadt Czernowitz. Diese Verse gehören zum Vollblütigsten und Geglücktesten seiner poetischen Aussage. Bildhaftigkeit, Erotik und Humor sind meisterhaft in ein bewegtes Zusammenspiel gebracht, das vielschichtig und assoziatorisch ist.

Vier Kulturen: die jüdische, deutsche, slawische und ru-mänische verflechten sich mit dem Czernowitzer Idiom zu einem farbreichen Gewebe, in das die Schocks und Ent-zückungen des Knaben und Jünglings Gong verwoben sind. Die Gedichte *Beim Kochen der Mamaliga* und *Träume* beschwören magische Bilder herauf in einer mythisch an-mutenden Sphäre.

Der Zyklus *Du und die Stadt* hebt sich thematisch und metaphorisch von den anderen Gedichten ab. Form und stilistische Behandlung sind den Stadtmotiven angepaßt: knappe, präzise Darstellung. Von Dekoration wird abge-sehen, es geht um Dinge und Bewegung; folglich werden hauptsächlich das Dingwort und Zeitwort verwendet. Dies gilt im allgemeinen von Gongs Dichtung; mit dem Eigenschaftswort geht er sehr sparsam um.

Wenn Gongs Lyrik mit einem Etikett versehen werden soll, müßte man sie als satirisch bezeichnen, aber das Schlagwort wird ihr nicht ganz gerecht. Gong ist kein

Modepoet, gehört keiner Koterie an. In der Themenwahl ist er modern; der Ton ist volkstümlich, nicht naiv-, sondern raffiniert-volkstümlich, im Sinne der Brechtschen Lyrik. Sein Stil, traditionsverbunden und klar, hat eine eigene Note, jedes Gedicht ist eine deutlich umrissene Gestalt, ergo: »klassisch«-modern. Die Sprache ist kernig und hält die Waage zwischen Bindung und Freiheit. Nie verfällt Gong in Sentimentalität, auch nicht in seinen frühen Gedichten. Das Versgebilde ist luftig, nie überladen. Diese Lyrik, originell, organisch und warm, ist beglückkend.

Bernard Reder

Sensationeller Aufstieg des Künstlers

Die Ausstellung des Bildhauers, Malers und Graphikers
Bernard Reder im Whitney Museum of American Art war
bei Saisoneröffnung das sensationellste Ereignis im Kunst-
leben New Yorks. Das Whitney Museum, eines der pro-
minentesten amerikanischen Museen für moderne Kunst,
hat seinen ganzen Raum – Stockwerke – dieser ungewöhn-
lichen Schau vom 26. September bis 7. November zur Ver-
fügung gestellt, eine Auszeichnung, wie sie bisher keinem
Künstler zuteil wurde.

Der vor 64 Jahren in Czernowitz geborene Meister ist seit
40 Jahren von ununterbrochener Produktivität. Von 1919
bis 1923 studierte er an der Prager Kunstakademie, kehrte
1923 nach Czernowitz zurück und heiratete 1924 Gustl
Korn. Bis 1930 lebte er in Czernowitz, arbeitete beruflich
als Steinmetz, und während dieser Jahre entstanden viele
seiner Wasserfarbenbilder, Zeichnungen, Holzschnitte
und seine ersten größeren Skulpturen. Da sich der Antisemitismus immer stärker fühlbar machte, verließen Reder
und seine Frau 1930 endgültig Czernowitz, um nach Prag
zu übersiedeln; damals eines der internationalen Kunst-
zentren Europas. Hier wurde Reder mit den Werken der
Kubisten Picasso und Braque und den Skulpturen Maillols
bekannt, der später einer seiner großen Freunde und Förderer wurde. In den 7 Jahren seines Prager Aufenthalts
entwickelte sich Reders persönlicher Stil. Es ging ihm um
Volumen, Proportionen und zylindrische Formen. Dem
Prinzip, das er »Volumetrie« nennt, des von allen Seiten
zugänglichen Kunstwerks, ist Reder bis heute treu geblieben. Im Jahre 1936 folgte er dem Ruf Maillols und übersiedelte nach Paris, wo in den nächsten 4 Jahren viele seiner Skulpturen entstanden. Sein Hauptthema war der
Frauenkörper: Frauen, die von Kraft und Lebensfülle

strotzten. Trotz der zentralen Rolle, die sie spielten, waren seine Steinfrauen nicht feminin und sinnlich, eher könnte man sie abstrakt nennen, die »Idee« Frau, in Steinfleisch ausgedrückt. Es ging und geht Reder vor allem um Formprobleme. Im Jahre 1940 mußten Reder und seine Frau vor Hitler flüchten und – wie schon vorher in Prag – einen großen Teil der Skulpturen in Paris zurücklassen, die von den Nazihorden vernichtet wurden. Sie flüchteten über Spanien nach Havanna und übersiedelten 1943 nach New York; hier leben sie seitdem, mit einer vierjährigen Unterbrechung in Italien (1944–48).

Reder war längst nicht mehr unbekannt, viele Ausstellungen seiner Werke fanden im Laufe der Jahrzehnte in Prag, Paris, Havanna und New York statt, er verkaufte an Museen und Privatsammlungen; aber die breite Öffentlichkeit war mit seinem Namen nicht vertraut. Erst diese einzigartige Schau in dieser einzigartigen Anordnung hat ihm den Ruhm gebracht, den er längst verdient hat. Es war ein Triumph, wie ihn kaum ein anderer Künstler hier erlebt hat. Mit einem Schlag ist Reder einer der gefeiertsten Bildhauer der Gegenwart geworden.

In allen den turbulenten Jahren und odysseischen Wanderungen hat Reders enorme Schaffenskraft nie versagt, nie nachgelassen. Überall wo er sich aufhielt, entstanden seine Skulpturen, Bilder, Zeichnungen und Holzschnitte, aber sein eigentliches Element, dem sein Genie entsteigt, ist die Skulptur. Bis 1943 war Reders Stil einfach monumental, »apollonisch«. Der Steinblock blieb intakt, die Formen waren geschlossen. Der Block war immer in einer Kugel – also volumetrisch – gemacht. Grundidee und Grundform war der Kreis, das Symbol der Einheit und Harmonie, in den alle Linien zurückkehren. Dies war und ist seine Weltanschauung. Sein bedeutendstes Meisterwerk in Stein, die *Verwundete Frau* (1943–1947), stellt einen Wendepunkt seines Schaffens dar. Wenn es ihm bis dahin um ungebrochene Formen ging, so trieb es ihn jetzt dazu, den Block zu sprengen, was sich übrigens schon in manchen früheren

Werken ankündigte. Dies gelang ihm in bewundernswerter Weise bei dieser Skulptur, die eine großartige, volumetrisch konzipierte, kreisartige Frauengruppe darstellt. Der Stein wurde an vielen Stellen durchbrochen, ohne die Harmonie und Einheit des ganzen Werkes zu stören. Auch rein technisch ist es ein erstaunliches Meisterstück.

Von da an entwickelt sich Reders neuer origineller Stil immer mehr. Er bildet das entgegengesetzte Extrem zu seinem früheren Schaffen, das auf Statik beruhte. Jetzt ist es ihm um Freiheit, Bewegung, atmende Lebendigkeit zu tun.

Der Block wird geöffnet, nimmt bizarre Formen an, eigenartige Ornamente entstehen. Namentlich seit 1962 entfaltet sich der barocke Rederstil immer freier in Gestaltung und Themenwahl. Sein neues Formgefühl und Formbedürfnis fordern ein nachgiebigeres Material als Stein. Er arbeitet seitdem fast ausschließlich mit Lehm, Gips oder am liebsten Wachs und läßt die fertigen Werke in Bronze gießen. Die Skulptur erfährt in seiner Behandlung eine Freiheit, einen Schwung und Phantasiereichtum, wie man sie vorher nur in seinen zweidimensionalen Schöpfungen findet. Aber das Grundprinzip bleibt unverändert: es geht bei aller Vielfalt um die Kugel- und Kreisidee, um Einheit und Harmonie. Die Form darf nicht – wie bei den Abstrakten – zerbrochen, wohl aber durchbrochen werden. Die Masse wird gesprengt und gleichsam durchsichtig, die Figuren sind luftig, beschwingt. Sie atmen, gehen, springen, musizieren, blühen, spielen und fliegen. Das Motiv des Fliegens kehrt oft wieder und ist so zwingend dargestellt, daß der Besucher in den Schweberhythmus hereingerissen wird. Jede dieser Bronzen drückt das dynamische und dionysische Temperament Reders aus. Ekstase, strotzende Lebenskraft und Lebensbejahung pulsieren in den vielen in den letzten 10 Jahren entstandenen Werken. Die Fülle seiner Einfälle ist unbegrenzt, die Behandlung höchst originell.

Überwältigend, zauberhaft und inspirierend war diese

Schau. Man wurde in den Bann dieser legendären, mystischen, phantastischen Welt gezogen, die Reder magisch erschaffen hat, kühn seinen Eingebungen folgend. Die Motive holt sich Reder aus Kindheitserinnerungen, der Bibel, dem Chassidismus, seinem geliebten Rabelais oder seiner eigenen Einbildungskraft. Die gestalteten Frauen haben eine Metamorphose erfahren. Im Gegensatz zu den kolossalen, massigen Steinformen der früheren Periode sind die Frauen der neubarocken Phase personifizierter, zarter, graziöser. Er schmückt und ziert sie. Aber auch in ihrer femininen Anmut wirken sie majestätisch, haben auch im Spiel, in Ausdruck und Haltung etwas geistig Gebieterisches, Notwendiges. Jede Figur, jede Gruppe steigt aus der Kugel- und Kreisidee in ihr Bronzedasein und wendet sich in den Kreis zurück. Das ist ein neuartiges Barock, das, wie ich glaube, Schule machen und auf viele kontemporäre Künstler befruchtend wirken wird.

Was Wunder, daß die verwöhnten und so gefürchteten Kritiker New Yorks einstimmig in einen begeisterten Lobgesang auf diese Ausstellung und Reder ausbrachen? Nach vielen Jahren der Herrschaft der Abstrakten, Obskuren, Makabren und Verneiner hat ein gigantischer Schöpfer die Kühnheit, der Weltuntergangsstimmung seinen Lebensjubel, sein brausendes, von Bronzetrompeten geblasenes JA entgegenzuhalten und dies in origineller, meisterhafter Weise. Man fühlt sich in sein großes, surreales Spiel, in die höhere Realität des befreiten Geistes versetzt. Leider erlaubt der beschränkte Raum kein näheres Eingehen auf die einzelnen Werke. Erwähnt seien hier nur: *Cellistin, Minotaurus und Sirene, Dame mit Kartenhaus, Noahs Frau, zwei Eulen tragend, Harfenspielerin, Zwei Frauen im Dschungel,* das letztgenannte, eines der erstaunlichsten Leistungen an Formenreichtum, Bewegung, Rhythmus. *Aaron mit dem Tabernakel,* eine seiner monumentalsten, vertikalen Skulpturen, stellt Aaron stehend dar, die 12 Stämme Israels im Arm haltend.

Geradezu verblüffend sind seine Entwürfe für Zukunftsbauten: ein Schiff, das er nach seiner Frau *Ghitala* nennt, ein volumetrisches Bildhaueratelier, transportierbare, transparente Wohnhäuser und ein kugelförmiges Theater.

Reder ist von seiner Mission ganz und tief erfüllt, selbstsicher und von unerschöpflichem Gestaltungsdrang. Als er keine Möglichkeit hatte, Skulpturen zu schaffen, malte und zeichnete er. Leider ist ein großer Teil seiner Werke in Prag und Paris verloren – oder zugrunde gegangen; aber auch die seit dem Kriegsende entstandenen Werke sind so zahlreich, daß das große Whitney Museum sie nicht fassen konnte, und über 100 Bilder und graphische Arbeiten wurden gleichzeitig in der angesehenen World House Gallery ausgestellt. Auch diese haben den atemberaubenden Rederrhythmus, und sein Phantasiereichtum kommt ungehemmt in ihnen zum Ausdruck.

Schön und schlicht ist Reders Sichbekennen zu seiner Geburtsstadt Czernowitz, die er »Heimat« nennt. Als er nach dem Ursprung seiner Motive gefragt wurde, antwortete er, daß er alles den phantasieanregenden Eindrücken und Einflüssen der Kindheitsumgebung verdankt.

Nachruf für Alfred Margul-Sperber

Am 4. Januar 1967 ist in Bukarest der Nestor deutscher Lyrik in Rumänien Alfred Margul-Sperber im Alter von 68 Jahren gestorben.

Der in Storozynetz, Bukowina, geborene Dichter war in den zwanziger Jahren längere Zeit als Redakteur bei der Czernowitzer Tageszeitung *Morgenblatt* tätig und bis zum Ausbruch des letzten Weltkrieges Mitarbeiter deutscher Zeitungen und literarischer Zeitschriften in Rumänien und im Ausland. Bis 1940 hat Alfred Margul-Sperber zwei Gedichtbände im Verlag Literaria, Czernowitz, *Gleichnisse der Landschaft* und *Geheimnis und Verzicht*, veröffentlicht. Von 1951 bis 1966 sind 8 Bücher seiner eigenen Lyrik und 2 Übersetzungsbände aus rumänischen Volksdichtungen in Bukarest erschienen, für welche er mit dem 1. Staatspreis ausgezeichnet wurde. Von den zwei Bänden Nachdichtungen der Lyrik des bedeutendsten rumänischen Dichters, Tudor Arghezi, erschien ein Band vor etwa 6 Jahren im Bergland Verlag, Wien.

Vor dem letzten Weltkrieg war Alfred Margul-Sperber als eine zentrale Figur deutscher Publizistik in Rumänien und Österreich sehr geschätzt und galt in den letzten Jahren als der einheimische deutsche Poeta laureatus.

Den Anschluß an die Moderne hat er in seinen eigenen Arbeiten nicht ganz gefunden, aber es gibt wohl keinen »altmodischen« Dichter, der wie Sperber für *alle* – alte und neue – Lyrik solch ein leidenschaftlich einfühlsames Interesse bekundete. Er war auch einer der wenigen, die schon 1944–45 die frühen Verse Paul Celans mit heller Begeisterung begrüßte und in ihm den größten kommenden Dichter erkannte. Paul Celan widmete ihm sein Gedicht *Der Pfeil der Artemis*.

Was Alfred Margul-Sperber in hohem Maße auszeichnete, war sein ungewöhnlicher Persönlichkeitszauber, dem keiner sich entziehen konnte, und seine lebenslänglichen selbstlosen Bemühungen im Aufspüren von neuen Talenten. Kein noch so verstohlen schreibender Dichter männlichen oder weiblichen Geschlechts in der Bukowina blieb dem Sperber unentdeckt. Er nahm sich ihrer Arbeiten hingebungsvoll an, sprach über sie in Vorträgen, stellte sie in Lesungen vor und schrieb über sie im *Morgenblatt*, im *Tag*, in Wiener Zeitungen und in in- und ausländischen literarischen Zeitschriften. Er war ihr Kritiker, Freund und Berater und in einzelnen Fällen auch ihr Herausgeber.

Einige Tage vor seinem Ableben schrieb er ein schlichtes, ergreifendes Gedicht auf seinen bevorstehenden Tod. Ihm trauern zwei Generationen deutscher Dichter, Literaten und Freunde aus seiner Heimat nach.

Rede

Dankesrede zur Verleihung des Literaturpreises der Bayerischen Akademie der Schönen Künste

»Als ich mein erstes Gedicht schrieb, war ich siebzehn; ich lebte in Czernowitz, gedruckt wurde ein Gedicht von mir erstmals 1922, ich war 21 Jahre alt, in Minneapolis/ St. Paul; ich war 38 und wieder in die Heimat zurückgekehrt, als mein erstes Buch erschien: *Der Regenbogen*. Die erste Kritik zu diesem Buch stand 1940 in einer Zeitung in Genf; meinen ersten Literaturpreis erhielt ich mit 56 in New York – meinen bisher letzten mit 83, bettlägerig im Nelly-Sachs-Haus in Düsseldorf –, es muß nicht unbedingt der letzte bleiben, ich bin jetzt leicht zu finden, meinen Aufenthaltsort kann ich lebend nicht mehr ändern.

Zwischen 17 und 83 liegen die Meilensteine meines Dichterlebens: Gedichte, Bücher, Leser, Kritiken und Preise. Wie viele Gedichte? Der Herausgeber sagt ca. 2500; Bücher wurden es bisher fast dreißig. Die Zuschriften der Leser stapeln sich zu Tausenden, Antwort ist mir nicht mehr möglich, fast wöchentlich schickt der Verlag Kopien von Kritiken, und da das Gedächtnis nachläßt – sehen Sie es einer vergeßlichen Frau nach –, bekomme ich die Literaturpreise gar nicht mehr alle zusammen. Und was das Leben, die Jahre, die Gedichte, die Bücher, die Leser und die Kritiker nicht geschafft haben, das schaffen die Literaturpreise: Sie machen alt! Als die Preisvergabe durch die Medien bekannt wurde, habe ich mir die Kritiken und Würdigungen vorlesen lassen – Rose Ausländer ist die große *alte* Dame der deutschen Lyrik, habe ich erfahren. Nun, ich habe viel erlebt, manches ertragen, ich werde auch dies überstehen.

Heute, am 27. Juni [1984], haben Sie sich in München versammelt, ein Quartett wird hoffentlich nicht ausgerechnet Brahms spielen, es ist warm, und die steife Gesellschaft schwitzt vor sich hin, noch eine Festrede, noch eine Laudatio, noch ein Dank, mürrische Gesichter, höflicher Beifall; wahrscheinlich wird es nicht so sein, und wäre es doch so, glauben Sie mir, ich wäre heute gerne bei Ihnen und ließe mich ehren.

Ihre Auszeichnung hat mich spät erreicht, nicht zu spät – ich danke Ihnen!«

Interviews

Enjoyment of Poetry

Rundfunkgespräch mit Florence Becker-Lennon

FL: Welcome, Rose Ausländer, to *Enjoyment of Poetry*.
RA: Thank you, Florence, it is a pleasure to be here.
FL: Will you start by reading a poem?
RA: This is one of my last poems, and I dedicate it to Rachel Nadav:

YEMENITE DANCER

Dipped in dark music, averted,
the face struggles in the desert
the body sways in a sandstorm
the limbs are revolution.

Butterfly, the orange-sunburn shawls
widens each motion off the shoulder in ripples
as if a stone were thrown in a lake.
The abdomen alone
dances quietly like a sleepy snake.

Now the enlarged eyes fly
in horizontal circles from the direction
of the expected guest
to the good-bye of hope.

Coins framing the face
tickle the air which hurls
bronze echoes of sighs
to the listening eyes.

The indigo garment unfolds
its layers of veils
blue, bluer, most blue
in a final ellipse of fire.

FL: Will you give me in a few words your national back-
ground.

RA: The answer is rather complex: I am Jewish, and was
born in a part of Austria which went to Rumania after
the first world war and which became Russian during
the second world war. I immigrated to this country as
a young girl, but was caught in the war in Rumania
while on a prolonged visit with my mother. I returned
to New York in 1946, where I have been living ever
since. I was brought up in the German language.

FL: In your poetry you have various ways of reacting
to these displacements. I wish you would read a
poem which transcends all of these. You may have
written it on a cloud, equidistant from all of these
points.

RA: I call it:

HISTORY IN A NUTSHELL

When man fled from the flood
to the sod seeing that this
would be his home he said
a primitive prayer – that is:

He sang his gratitude
in sounds unknown to us
and danced a copper-nude
personal prayer of praise.

Of course his wife was there
sharing his lonely luck.
The sod became an earth
fastened by cliff and rock.

Then both of them forgot.
The waters chant against
their knees. They still praying but
with abstract feeble faith.

FL: Last time you went abroad, you also stopped in Rome
and wrote there about it. Will you read this poem?
RA: I wrote it later right here. I always need a period of
cooling off and condensation. It is a short summary of
my impressions of Rome:

ROME

Seven profiles
abandoned to centuries.

Tiber:
Yellow belt
around the Castel Sant' Angelo
where the goldangel wakes.

Bernini's marble-flesh
white as time
embodies the vivid vision
of Rome.

St. Peter's home:
Four rows of columns and pillars
encircle the cosmos.
Within the ellipses
fountains timeup timedown
sifted to song.

Pieta
impersonal mother
in the first chapel to the right
holds you in her fold.

The past follows you
forum by forum.

Breathe deep.
Drink Chianti
from the roots of stone.

FL: After your unhappy experiences in Rumania, you came back to the »Land of the Free« and found your-self –

RA: I did find freedom here, but I also found myself confronted with the nightmare of atom- and hydrogen-bombs. The verses I am going to read now are the most gruesome and nihilistic ones I have ever written, and I hope to be forgiven by the listeners for reading the poem now:

Nobody was prepared when it came.
Everyone hurried to look for his name
under the ashes.
Dead mothers washed their eyes
to recognize
the dust of their children.

But all children were blended.

Gases from firmament to firmament
spirits from the Old and the New Testament
assembled at the spaceless cemetery.

Exploding stars smeared
the oily surface of the seven
heavens.
Pretty silvercrisp angels
were annoyed
at their singing lesson of HOSANNA
and retreated into deeper nothingness.

Mary washed her eyes to see clear
the Resurrection beneath the smear.
But her son
had undergone
a strange
change:

His delicate Bones
His Love His Blessing
blended
with the ashes of all children.
His whole
Immortal Soul
mingled
with the immaterial
material.

Mary wept.
Her tears blended
with the tears of all mothers.
An ashen soldier kept
vigil and slept.

FL: Have you written more poems in English or in German?

RA: In German.

FL: Won't you give us two short examples of the kind of poems you write in German.

RA: I chose two old lyrics, short and simple. The first one, in six lines, is my reaction to the experience of that apocalyptic day when the Ghetto was established in Czernowitz, Rumania in 1941: *Gestern begruben wir die Sonne.* * The verbal translation reads: yesterday we buried the sun:

Gestern begruben wir die Sonne.
Es war eine unendliche Sonnenfinsternis.
Da kamen sie mit scharfen Fahnen und Pistolen
und schossen alle Sterne und den Mond,
damit kein Licht uns bliebe,
damit kein Licht uns liebe.

* Rose Ausländer las eine frühe Fassung des Gedichts *Damit kein Licht uns liebe.*

To offset this gloomy mood, I shall read another German poem, an uncomplicated lyric. It expresses a musical mood and its essence is the mystic unity of all things and creature in universe.

WIR SIND VERBRÜDERT

Die dunklen Nebel, die der Tag gesponnen,
sind in der lichtentbundnen Nacht zerronnen.

Ich höre wieder, was der Wald uns flüstert:
Wir sind verbrüdert und wir sind verschwistert.

Ich höre wieder aller Wesen Kunden:
Wir sind verwoben und wir sind verbunden.

Der Mantel meiner Seele fällt in Falten
um die gebannten, sprechenden Gestalten.

Ich steh' im Kreise an der ewigen Wende
und fühle alle Wege bis zu Ende.

Mein Herz kann mit der Zeit, der bösen, brechen,
und mit den Dingen wie mit Engeln sprechen.

FL: You said something I found very interesting: That you switch back and forth between German und English poetry as if you had two heads.

RA: It is difficult to explain this switching process. For the past ten years I have become a sort of *split personality* living on two planes, shifting from German to English poetry und vice versa, not deliberately, but as a *natural organic function* – or if you will, an obsession.

FL: Please read two or three of your New York City poems.

RA: Now, New York City is one of the most fascinating places, both in a negative and positive sense. For a number of years life in New York City was a *haunting challenge* to me, as expressed in the three poems I am going to read.

Living eleven years on Columbus Avenue, this sonnet was the result:

COLUMBUS AVENUE

Grotesque mirage from the windowpane
is gathering speed after the cool hour
kills the day. The half-insane
city-pulse hammers at the brow.
Stars grow in windows with five feverish fingers.
The lanterns laugh at taxis running amok
against a threadbare landscape.
A peacock-colored phantom looking like luck
staggers from bar to bar, the sacred bottle
shining through fog of noise. Columbus, you
must not be blamed that in this melting kettle
we boil and that this hard-boiled avenue
bears your name. You, we and the saloon
across the street: mist under the smiling moon.

Likewise, after a number of experiences in drab clinics, I wrote this blank verse sonnet:

Trays and instruments glitter on metal tables.
Girls powered with blank smiles glide though white
    doors.
The smell of ether clings to melancholy floors.
Loudspeakers with alarming indifference call
    impersonal names.

Patients wait and wait and wait. They wonder
whether time was eligible here or maybe
was extinguished like a wicked fire
and if phoenixes would rise from ashes.

Nurses with unfeeling features ruthless pencils
hurry along eternal corridors.
Doctors squeeze patients' hearts with dainty pliers.

Will time recur after examination?
Will phoenix rise after the doctor's verdict?
Will names be personal? Patients wait and wait.

The third poem tries to express the feelings of an of-
ficeworker riding home in the Subway during the
rush hour, very tired, glancing through a newspaper.
It is addressed to every anonymous office colleague in
New York City:

THE GARDEN IS PREPARED

O city colleague you and I
strangers and lost in loneliness
pass by
the neon flowers the shrill music
and mirrors blind with repetition.

We are the subway food the meek material
brought fast and faster to a broken life
with poppies nodding under bones and stones
of our strangled vision.

City colleague

dreaming at 6 pm of silver garden
as I now do while reading ads and comics
with one-tenth of my dulled attention:

O alien colleague come from office
to meeting place where figures do not count
nor zero nor the faithful signature.
The poppies blush. The garden is prepared
in our breath.

We must not miss our spring!

FL: Sometimes you take off into the world of symbols
without any geographic implications. Give us a few
examples of these poems.

RA: Well, *metaphoric or symbolic poetry* actually is my favo-
rite type. I believe that two of the most essential
elements in a substantial poem are: *fresh metaphors and
overtones*, the metaphors representing the body, the
overtones the soul and spirit of a poem. *The overtones
should evoke a wealth of associations and meanings on various
levels.* This is achieved by *allusion and compression*.
However, it also means that *an element of ambiguity and
obscurity enters*. A statement that is absolutely obvious
– as: the table has four legs is very clear und has only
one meaning but is not poetry.

In other words, a good poem *hides* as much as it *shows*
(or more) and provokes the listener to *complete* the vision which the images and overtones intend to create
and all that is alive and vibrating between the lines:
atmosphere, magic and undercurrents running in
many directions.

Clarity in a poem, I feel, should not be *logical* but *meta-phoric* clarity, though both may coincide. Naturally, *the metaphors must as precisely as possible fit the poetic situation.*

This short lyric is called:

THE DROWNED GIRL

The golden girl smiles unaware
of seaweed-ribbons in her hair.
Waves quenched her fire of despair
and tore her to a crooked stair

where moon and rock clash. Lorelei's
scream icy midnight lullabies
into her earfolds locked by cries
and crystal fish reach for her eyes.

The golden girl smiles blind at these
strange happenings that do not cease
to tease her while a skyward breeze
rushes her to eternities.

This one I call:

DREAM SPEED

All tomorrow's
locked in an angel's cage
the key hidden
under his wing.

Our ruby tower
carefully built
and adorned tumbles
in the stricken hour.

Every girl is Alice
underneath her skin
medium in a mirror
exalted and reduced.

Ever and never
meet in Wonderland:
Monsters lovable
the queen gone mad.

Regiments break
through cardboard walls
dolphin and songbird
our talisman.

Naked patterns
strict and abstract
with dreamspeed experienced –.
Try: Not to understand!

FL: I suppose you address me in the last line?
RA: It is addressed to everyone, and also to you, Flo-
    rence.
FL: Will you read your newest poem, which has time and
    place in New York, but is also timeless.
RA: I wrote this poem recently under the overwhelming
    impression when visiting the new Guggenheim Mu-
    seum, this loveliest gem of a building.

The spiraled stoneflower
unfolds its petals
layer on layer
seven-levelled
as Dante's heaven.

The core of the curved structure quivers
transmitting its motion
to the white
flesh of the walls
enacting the drama of visions
in stenographic colors and lines.
In petalled niches
time-creased
particular deities and abstract angels
breathe pure existence
and Klee revives your dreams
in interwoven cobweb worlds
and Kandinsky makes
prismatic music.

In this future dome and home
turn with the snowy carousel
from level to level
within the condensed cosmos
of a self-made solar system.

Triumphant waste of space!
Manhattan's luminous rose
holds the aroma of the round horizon
against the vertical wiry
tide of time.

Interview mit Rose Ausländer

Von Henriette Gottesmann

Wien erstrahlt im Glanz der Festspielwochen. Eine künstlerische Sensation jagt die andere, und die Prominenz aus aller Welt ist gekommen, teils um höchste Aufgaben zu erfüllen oder – nicht selten – im Zuschauerraum subtilste Kunst zu erleben. Man ist angereist gekommen, um sich das musikalische und szenische Erlebnis der *Fidelio*-Aufführung, Dirigent *Leonard Bernstein*, nicht entgehen zu lassen oder *Karajan* mit den Berliner Philharmonikern, *Dr. Karl Böhm* mit den Wiener Philharmonikern, das Philadelphia Orchestra mit *Eugene Ormandy, David und Igor Oistrach, Wilhelm Prey*, etc. etc. zu erleben.

Aus diesem Anlaß beherbergt Wien auch unsere im deutschen Sprachraum preisgekrönte, anerkannte und gefeierte Landsmännin, die Lyrikerin, Frau ROSE AUSLÄNDER.

Ich sitze ihr nun gegenüber. Ihre dunklen, lebhaften Augen, ihre durchgeistigten Züge verraten den hellwachen Geist, beladen mit dem tausendjährigen Leid unseres Volkes, und das warme Herz, in das nicht nur eigenes, sondern auch fremdes Leid Wunden zu tragen vermag, und die der »Millionärin der Sprache« – um mit den Worten des Schriftstellers Hermann Kesten zu sprechen – die Feder in die Hand drücken zum Schaffen und Erschaffen dieser hohen lyrischen Dichtung, wahrer Kunst. Rose Ausländer gehört zu den begabtesten Erscheinungen zeitgenössischer Lyrik im deutschen Sprachraum. Ihre Gedichte zeugen nicht nur von Gedankentiefe und sind nicht nur von außerordentlicher Prägnanz, sondern verraten hohe Musikalität. Erwähnenswert ist, daß sie immer, wo nur möglich, von unserer Heimatstadt *Czernowitz* als einer Stadt von »musischer Versonnenheit« spricht, von Schwärmern bewohnt, deren größte Angelegenheit es war, über geistige Probleme zu diskutieren.

Lassen wir sie selbst zu Worte kommen:
»Wir wissen, Frau Ausländer, daß Sie in Deutschland mit vielen Preisen und Auszeichnungen geehrt wurden. Welche sind diese?«

Rose Ausländer: »Im Jahre 1965 wurde mir in Meersburg am Bodensee für das beste Gedicht anläßlich eines Wettbewerbes der erste Preis zuerkannt. Es ist mein Gedicht *Dezember*. Diese Auszeichnung ist für mich besonders interessant, weil dieses Gedicht 200 anonyme Stimmen erhielt. Im Jahre 1966 erhielt ich den ›Heine-Taler‹ anläßlich eines Wettbewerbs für das Manuskript *36 Gerechte* vom Hoffmann und Campe Verlag, Hamburg. 1967 wurde ich dann in Meersburg am Bodensee, der Heimat- und Geburtsstadt der größten deutschen Lyrikerin Annette von Droste-Hülshoff, mit dem »Droste«-Preis ausgezeichnet, der alle 4 Jahre immer nur der größten, deutschen Lyrikerin verliehen wird.«

»Wurden Ihnen auch im Ausland Preise verliehen?«

Rose Ausländer: »Ja. Die amerikanische Dichterin Marianne Moore verlieh mir den Ehrenpreis für das Ostergedicht *Die nach Osten träumen*.«

»Wo haben Sie, Frau Ausländer, Ihre Gedichte veröffentlicht?«

Rose Ausländer: »Im Jahre 1939 wurde im Verlag Literaria in Czernowitz der Gedichtband *Der Regenbogen* publiziert, 1965 im Bergland-Verlag, Wien, *Blinder Sommer*. 1967 kam im Hoffmann und Campe-Verlag, Hamburg, der Gedichtband *36 Gerechte* heraus. Doch erschienen und erscheinen auch weiterhin in verschiedenen Zeitschriften und Zeitungen sowohl in Amerika als auch in Deutschland meine Gedichte.«

»Ist Ihnen Gelegenheit geboten worden, Dichterlesungen zu halten?«

Rose Ausländer: »Ich habe in München, Düsseldorf, Frankfurt a. M., Meersburg, Konstanz am Bodensee meine Gedichte gelesen. Am 6. Mai [1970] habe ich in Bonn einige meiner Gedichte vorgetragen. In Zürich habe ich veröffentlichte und noch nicht publizierte Verse gelesen. Im vorigen Jahr las ich im Austrian-Institute in New York. Soeben erhielt ich vom österreichischen Kulturzentrum die Einladung zu einer Lesung. Das Datum steht noch nicht fest. Hingegen habe ich der Einladung des Herrn Dr. Wolfgang Kraus, dem Leiter der Österreichischen Gesellschaft für Literatur, zugestimmt, am 25. November [1970] in Wien aus meinen Gedichten zu lesen.«

»Ich danke, Frau Ausländer, für die Liebenswürdigkeit, mir für *Die Stimme* dieses Interview gewährt zu haben, und ich behalte mir vor – wenn Sie erlauben –, gelegentlich noch einmal Ihre kostbare Zeit in Anspruch zu nehmen, um von Ihnen einiges über Ihren Lebensweg zu erfahren.«

Die Poesie hat auch heute Überlebenschancen. Autoren arbeiten im Wettlauf mit der Zeit

Von Alexander Bauer

Die Existenz des Poeten heute und die »Überlebenschancen« der Poesie sind der Kern vieler Literaturgespräche hierzulande. Die Autoren in ihrer Werkstatt schreiben vielfach buchstäblich im Wettlauf mit der Zeit, um wenigstens ihr Existenzminimum zu erarbeiten. Der Kampf um diese Existenz wird für viele Autoren zum Kampf ums Überleben – wenn nicht ein »Brotberuf« dahintersteht, der die literarische Arbeit weniger risikoreich macht.

Vielfach erschwert Krankheit das tägliche Schreiben, wie bei der namhaften Lyrikerin Rose Ausländer, die seit langem im Nelly-Sachs-Haus in Düsseldorf lebt und arbeitet. Sie sagte uns auf die Frage, ob denn heute überhaupt noch Raum für Poesie sei: »Selbstverständlich. Heute, morgen, immer.« Wir sprechen von der Qual des Emigranten. Ihr eigenes Schicksal als Jüdin stehe ja dafür, drücke sich aus in den Versen: »Ich schlucke bittere Pillen / aus dreißig Jahr Rauch / meine Stimme erstickt / im Rauch des ewigen Gettos / in schönen barbarischen Ländern.« Ob sie nun, da sie wieder in Deutschland lebe, noch immer Dreißig-Jahr-Rauch umgebe? Rose Ausländer meint: »Schwierige Frage, die ich nicht mit Ja oder Nein beantworten kann.«

Wie ihre jüdischen Schicksalsgefährten Nelly Sachs und Max Tau verzichtete auch Rose Ausländer in ihrer Dichtung auf die Attitüde des moralischen Anklägers, redete statt dessen der Versöhnung das Wort. Warum? »Anklage macht die Menschen, zumal die Staatenlenker, nicht besser.«

Wir sprechen von jenem Tage, als sie »plötzlich zu schreiben begann«. Was sie damals empfunden habe? »An jenen Tag, als ich wieder deutsche Gedichte zu schreiben begann, kann ich mich nicht erinnern. Ich weiß nur, daß ich einmal dem zwingenden Bedürfnis, deutsche Verse zu schreiben, Folge geleistet habe.« Dieses drängende Bedürfnis stelle sich seither immer wieder ein. Frau Ausländer hat bereits acht Gedichtbände veröffentlicht.

Einer der Gedichtbände Rose Ausländers trägt den Titel *36 Gerechte*. Ob es diese Gerechten heute noch gebe? »Die symbolischen ›36 Gerechten‹, die Weisen, die Gerechten – sie stützen und tragen unsere Erde, nicht nur symbolisch, sondern auch ganz real. Würde das Faustrecht auf Erden herrschen, wäre die Menschheit schon längst zugrunde gegangen.«

Unter innerem Zwang schreiben

Gespräch mit Rose Ausländer über ihr neues Buch »Mein Atem heißt jetzt«

Von Jürgen P. Wallmann

Wallmann (W): Ihr neuer Gedichtband, der kürzlich im Verlag S. Fischer erschienen ist, trägt den Titel *Mein Atem heißt jetzt*. Wie ist dieser programmatische Titel zu verstehen?

Ausländer (A): Das Wort »jetzt« verstand ich als Gegenwart im allgemeinen Sinn und als schöpferischen Augenblick im besonderen.

W: Ihre Gedichte erinnern doch öfter an Vergangenes, etwa an das »Buchenland«, an die Bukowina also, an den Fluß Pruth, an die Kindheit und Jugend in Czernowitz. »Mein Atem heißt jetzt« lautet ein Zitat, ein anderes aber »Ich reise hinab / ins Vergangene«. Ist dies ein Gegensatz?

A: Es ist kein Gegensatz: Die Gegenwart schließt die Vergangenheit ein.

W: Eines Ihrer jüngeren Gedichte endet mit den Worten: »Wirklichkeit / unser unverläßliches / Märchen«. Darf man dies so verstehen, daß Wirklichkeit in der Poesie für Sie mehr oder etwas anderes ist als nur die bloße Alltagsrealität?

A: Das Wort »Wirklichkeit« fasse ich nicht so eng auf; denn die sogenannte Wirklichkeit gibt es eigentlich ja gar nicht: Es gibt das, was ich unter »Leben« verstehe. Hinter dem Wort »Wirklichkeit«, so meine ich, steht das Leben.

W: Gottfried Benn hat einmal für das monologische Gedicht plädiert. Sehe ich es richtig, daß Ihr Gedicht – auch wenn es vom Ich spricht – eher dialogisch ist, sich an ein Du richtet?

A: Ja. Sie haben recht, es richtet sich in den meisten Fällen an ein Du. Nur manchmal ist es monologisch.

W: Sie sagen in einem Gedicht im Namen der Poeten: »Gebt unsern Worten nicht / euern Sinn«. Diesem Satz meine ich entnehmen zu können, daß Sie sich dagegen wehren, daß Gedichte in Dienst genommen werden, daß sie sich für eine Sache engagieren, die nicht der Poesie zugehört.

A: Ich meine lediglich, daß die Leser sich bemühen sollen, die Poeten zu verstehen.

W: »Schreiben ist ein Trieb« haben Sie einmal auf die lästige Frage »Warum schreiben Sie?« geantwortet. Also, was hat Sie jeweils zum Schreiben veranlaßt?

A: Mich veranlaßt immer etwas anderes zum Schreiben. Es gibt äußere Anlässe, hauptsächlich aber sind es innere: Ich muß mich gezwungen fühlen. Nur unter innerem Zwang kann ich schreiben.

W: Können Sie etwas über äußere Anlässe sagen?

A: Ja: Auslöser kann manchmal ein Buch sein, ein Wort, ein Mensch – es gibt ja unendlich viele äußere Anlässe.

W: In Ihrem jüngsten Lyrikband finden sich Porträtgedichte auf die Droste und auf Pablo Neruda, angespielt wird auf Else Lasker-Schüler. Welche Dichter und Schriftsteller der Vergangenheit und Gegenwart haben Sie wenn nicht beeinflußt, so doch beeindruckt und sind Ihnen heute noch wichtig?

A: Ich beginne mit Goethe – ich nenne vor allem Lyriker –, Hölderlin, Else Lasker-Schüler, die ich für die bedeutendste deutsche Lyrikerin halte, dann Kafka, der mir auch sehr wichtig ist, dann Nelly Sachs, Paul Celan – er ist mir ebenfalls sehr wichtig. Und von den gegenwärtigen nenne ich Peter Huchel und Heinz Piontek – es gibt noch manche andere.

W: Seit Sie in Deutschland leben, seit etwa fünfzehn Jahren, sind achtzehn Gedichtbücher von Ihnen erschienen. Sie haben bedeutende literarische Auszeichnungen erhalten, Ihr Werk ist anerkannt. Fühlen Sie sich verstanden, auch von der jüngeren Generation, für die doch vieles, was Sie bewegt, ferne Historie ist?

A: Ja, ich fühle mich durchaus und sehr gut verstanden, von Älteren und von Jüngeren. Ich bekomme Hunderte von Briefen und Telefonanrufen von jung und alt, die mir immer wieder beteuern, daß sie meine Gedichte lieben und bewundern.

Nachwort

»Schreiben war Leben. Überleben«, notiert Rose Ausländer 1971 in ihrem autobiographischen Prosatext *Alles kann Motiv sein* und bezieht ihre Aussage auf die Jahre 1941/44, als die Nazis ihre Heimatstadt Czernowitz besetzt hielten und sie im Getto überlebte. »Der unerträglichen Realität gegenüber gab es zwei Verhaltensweisen: entweder man gab sich der Verzweiflung preis, oder man übersiedelte in eine andere Wirklichkeit, die geistige. Wir zum Tode verurteilten Juden waren unsagbar trostbedürftig. Und während wir den Tod erwarteten, wohnten manche von uns in Traumworten – unser traumatisches Heim in der Heimatlosigkeit.«

Schreiben bedeutete für Rose Ausländer nicht nur in der Zeit der Verfolgung Leben, Überleben. Es galt ihr ganzes Leben. Ob in Amerika, wohin die Zwanzigjährige 1921 mit ihrem späteren Mann Ignaz Ausländer zum ersten Mal ausgewandert war, oder im jüdischen Altenheim in Düsseldorf, dem Nelly-Sachs-Haus, wo sie bis zu ihrem Tod lebte und ihre letzten Gedichte schrieb: immer wieder kämpfte sie mit Worten ums Leben, suchte schreibend zu überleben und Rechenschaft abzugeben – über sich und die Welt, Träume und Realität, eigene und fremde Geschichte.

Der Kosmos bleibt gleich. Die Konstellationen ändern sich. Bestimmte Themen, Motive, Bilder kehren in Rose Ausländers Lyrik und Prosa immer wieder. Zum Beispiel die Erinnerung an Czernowitz und eine untergegangene Welt, an die Schrecken des Krieges und der Verfolgung, an die Familie und die geliebte Mutter, Bäume und Sterne, die Auseinandersetzung mit der Arbeit des Schreibens und die Philosophie, die sie seit ihrer Jugend beschäftigt. Schon 1920 schreibt sie im Rahmen eines Seminars der Universität von Czernowitz ihren Aufsatz *Phaidros*, in verschiedenen Texten weist sie nachdrücklich auf Spinoza hin, und im Getto von Czernowitz nimmt sie den sechsten Todestag des von ihr verehrten Philosophen Constantin Brunner, den 28. August 1943, zum Anlaß einer Reflexion über »Selbsterziehung in dieser Zeit« und »Selbsterziehung in jeder Zeit«. »Das Ziel meiner Selbsterziehung war: meiner Sehnsucht nachzugeben, die zum Erlebnis des Schönen strebte«, schreibt sie und behauptet in alptraumhafter Zeit ihren Traum von der »Sehnsuchtserfüllung«, setzt »eine Melodie, einen Vers, ein Bildwerk, eine Landschaft, ein Menschenantlitz, ein Menschenherz« gegen die barbarische Realität, verteidigt Philosophie, Kunst, Mystik, »die drei großen Passionen«, und das eigene passionierte Gefühl. »Diese Passion kann auch der Krieg nicht unterkriegen. Sehr verdunkelt ist sie, es ist wahr. Diese schwarze Zeit, dieses Alpdrücken hat sich vor die Flamme gestellt als eine hohe Mauer. Ich habe diese drei Jahre über das Gefühl eines inneren Starrkrampfes, einer Lähmung, einer erschreckenden Verdunkelung.« Manchmal kommt es ihr vor, als befinde sie sich in einem Traum, aus dem ein großes Erwachen komme, »ein großes Wachsein! Selbsterziehung? Nein: Erziehung zum Selbst.«

Leben und Werk sind bei Rose Ausländer schwer voneinander zu trennen. Ihre Prosa ist, wie ihre Lyrik, nicht zuletzt autobiographisch bestimmt. »Geheimschriftlich blättert sich mein Leben ab, Blatt für Blatt.« Unsentimental werden Einblicke in Innen- und Außenwelt gegeben, Verletzungen und Sehnsüchte beschrieben. Nachzuvollziehen ist die Haltung einer Frau, die nicht aufgibt – auch nicht im Alter. Besinnliche Altersweisheiten, Tröstungen, Beschwichtigungen werden verweigert. »Man möchte ja gern allen gerecht werden, aber man möchte auch gern sich selber gerecht werden, seine eigene Stimme hören, keine frommen Wünsche haben, einmal alles verwünschen dürfen. Dieses Glück ist einem selten vergönnt«, erklärt Rose Ausländer in einem Anfang der siebziger Jahre unter dem Titel *Privacy* veröffentlichten

Kurzprosatext, möchte »allein und ungestört sein« und aufbrechen in andere Welten. Schreibend gelingt ihr das immer wieder. Enge Räume werden weit, Wände durchlässig, die Schwerkraft wird überwunden. »Ich gehe im Bett spazieren, besteige eine Wand nach der anderen. Vier Wände, das ist zu wenig, um eine Nacht totzuschlagen«, beginnt sie ihren Text *Insomnia II* und macht sich in ihrem Altenheimzimmer Nr. 419 auf die Reise, verwandelt nicht nur die alltäglichen Gegenstände durch ihren Blick. »Die Nacht wird hell auf meiner Haut«, registriert sie, betrachtet die sie umgebenden Objekte und verkriecht sich ins Radio. »Stimmen sprechen mich an. Die ruhigste meldet eine Katastrophe nach der andern. Ich bin mit der Welt in Verbindung.«

Die von Rose Ausländer erlebten »Schreckens- und Schmachjahre« der Verfolgung haben deutliche Spuren in ihrem Leben und Werk hinterlassen. Nichts ist mehr, wie es war. Nichts ist vergessen. »Für mich brach damals die Welt zusammen – eigentlich bis auf den heutigen Tag. Ich bin nicht mehr der Mensch, der ich vor dem Krieg war, es ist alles verschoben, ver-rückt – ein Riß hat für mein Sehen die Welt entzweigerissen. Was ich vorher theoretisch wußte von der ›blonden Bestie Mensch‹ (das kommt doch irgendwo in 1001 Nacht vor?), das ist zur bittersten Erfahrung geworden, zu einem Seelendruck, den ich seitdem nie wieder ganz losgeworden.« Die Welt erscheint ihr seit dieser Zeit »verdüstert, umschattet«, wie sie 1966 in einer autobiographischen Notiz feststellt. Und in einem Kurzprosatext schreibt sie: »Der Krieg hat mich brotlos gemacht und mir den Boden unter den Füßen entzogen.«

»Wir streben dem gleichen Ziele zu, wie alle Kinder zur Märchenwelt als ihrer wahren Welt«, hatte Rose Ausländer 1943 im Getto geschrieben. Nach dem Krieg bekennt sie in einem Kurzprosatext: »Ich habe die Märchen vergessen.« Doch: »Sie vergessen mich nicht. Wir lernen uns näher kennen nach Mitternacht hinter den Bergen.« Wie in ihrer Lyrik gelingt es Rose Ausländer auch in ihrer

Prosa immer wieder, mit wenigen Worten eine Welt zu erschaffen, unbekannte Realität aufzuspüren und »mit nackten Augen« zu sehen, was sonst unsichtbar ist. »Die Nacht hat zahllose Augen auf mich gerichtet. Sagte ich Augen? Pfeile. Sie sausen auf mich zu, stecken in meiner Haut. Wer möchte da in meiner Haut stecken?« fragt die Verwundete und bis zuletzt Verwundbare.

Daß ihre Arbeiten durchaus auch als zeitkritische Arbeiten zu verstehen sind, hat Rose Ausländer in ihrer autobiographischen Notiz von 1966 eingeräumt. Doch: »Ich habe nie bewußt Tendenzlyrik (früher hieß es Tendenzdichtung, heute ›engagierte‹ Lyrik) geschrieben«, betont sie darin, und: »Es ist mir weder um politische noch religiöse Aussagen zu tun, sondern immer nur um die Dichtung als solche.« Daß ihre Dichtung nicht unbeeinflußt blieb von der Zeitgeschichte, ist eine andere Sache und ihr bewußt. So beschreibt sie in ihrer autobiographischen Notiz auch den Einfluß des Krieges auf ihre literarische Arbeit. »Die Eigenschaftsworte sind von hellen zu dunklen geworden oder fast ganz verdrängt von Substantiven und Verben. Hatte ich früher ein ›poetisches‹ Vokabular, Rüstzeug, spielten Blumen, Sterne und Schmetterlinge, Regenbogen eine führende Rolle, ist jetzt meine ganze poetische Landschaft um viele Nuancen verdunkelt worden, noch immer regieren die Sterne, gehören die Sterne zu meinen (Lieblings-)Leitworten, aber in *anderer* Konstellation.«

Rose Ausländer hat sich nur selten und eher ungern über ihr Leben geäußert – und statt dessen auf ihr Werk verwiesen. Nicht zuletzt ihre lange Zeit unbeachtete und teilweise verschollene Prosa gibt Aufschluß über die verschiedenen Lebensabschnitte der Schriftstellerin – zum Beispiel ihre Zeit in Amerika, kurz nach dem Ende des Krieges. »Es gelang mir, schon im September 1946 als eine der ersten (oder die erste) aus Rumänien nach USA zu gelangen. Dort konnte ich mich lange nicht zurechtfinden. Im Winter 47 starb meine Mutter in Rumänien, ein

Schlag, den ich bis heute nicht verwunden habe. Ich hatte einen schweren Nervenzusammenbruch, konnte ein halbes Jahr nicht arbeiten, war meiner Verzweiflung ganz hingegeben und konnte nicht schreiben – jahrelang nicht. Das amerikanische Tempo, die Einsamkeit, die Anonymität, das verfremdete und verfremdende Leben, das ein Fremder, nicht ganz junger und gesunder Mensch in einer 8–9-Millionenstadt mit fremder Sprache zu führen gezwungen ist, erschlug, erstickte jeden poetischen Auftrieb.« Einer ihrer ersten englischen Texte begann dann mit der Zeile »Looking for a final start«.

»Ich kenne in der Dichtung der Gegenwart kein schlagenderes Beispiel zur Erhärtung des alten Satzes, daß alles Erhabene und Schöne einfacher Art sei, als das Werk Rose Ausländers«, schrieb der Lyriker und Übersetzer Alfred Margul-Sperber bereits 1946 über Rose Ausländer. Andere erkannten ihre Bedeutung erst sehr viel später. Daß es sie verletzte, sehr lange auf die Anerkennung ihres Werkes warten zu müssen, hat sie nie verbergen können. Auch nicht am Ende ihres Lebens, als sie dann doch noch einige Auszeichnungen und Würdigungen erhielt – wie den Literaturpreis der Bayerischen Akademie der Schönen Künste 1984. An der Verleihung konnte die Pflegebedürftige nicht teilnehmen. In ihrer schriftlichen Dankesrede stellt sie fest: »Meinen ersten Literaturpreis erhielt ich mit 56 in New York – meinen bisher letzten mit 83, bettlägerig im Nelly-Sachs-Haus in Düsseldorf –, es muß nicht unbedingt der letzte bleiben, ich bin jetzt leicht zu finden, meinen Aufenthaltsort kann ich lebend nicht mehr verlassen.« Abgeschlossen mit dem Leben und dem Schreiben hat sie zu dieser Zeit jedoch noch nicht. In den vier Jahren bis zu ihrem Tod werden noch weitere Gedichte entstehen, darunter auch dieses: »Vergiß mich nicht / ich bin / dein ewiger Freund / Gib mir die Hand / so halte ich / das Leben.«

Raimund Hoghe

Editorische Notiz

Gelegentlich hat Rose Ausländer auch Prosa geschrieben. Von ihren fünfundzwanzig überlieferten Kurzprosastücken sind zweiundzwanzig in dem Band *Ohne Visum* (1974) erschienen, die übrigen drei werden in diesem Taschenbuch zum ersten Mal veröffentlicht. Auch unter den Erzählungen ist bislang Unveröffentlichtes: *Czernowitz III*, *Einmal fing ich ein Gespräch auf* und *Mann im Mond* wurden für diesen Band erstmals gedruckt. Mehrere essayistische Arbeiten erschienen verstreut in Themenbänden wie *Motive* (1971) und *Geständnisse* (1972) oder wurden – wie die Rede – bereits 1991 in den Band *Rose Ausländer – Materialien zu Leben und Werk* aufgenommen. Die journalistischen Arbeiten, ehemalige Auftragsarbeiten aus besonderen Anlässen, und die Interviews liegen jetzt erstmalig in Buchform vor.

Die wenigen Prosatexte Rose Ausländers gehen in der Fülle ihrer Gedichte fast unter. Immerhin wissen wir, daß sie sich durchaus ernsthaft mit Prosa befaßt hat. So hat sie von 1955 bis 1965 versucht, ihre Kindheitserinnerungen und die traumatischen Erlebnisse der Nazizeit in Romanform aufzuarbeiten. Allerdings gibt sie selbst an, sie habe diesen Text und andere »Entwürfe« zu Erzählungen zerrissen und vernichtet. Solche Angaben hat sie aber auch bezüglich ihrer frühen deutschen Gedichte und bezüglich ihrer englischen Gedichte gemacht, die sich später doch alle wiedergefunden haben. Vielleicht stehen uns noch Entdeckungen bevor.

Die vorliegenden Texte runden das Bild der schriftstellerischen Arbeit Rose Ausländers sinnvoll ab und enthalten zudem viel autobiographisches Material, welches den Zugang zu den Gedichten erleichtert.

Helmut Braun
Königswinter, Januar 1995

Zeittafel

1901	Rosalie Beatrice »Ruth« Scherzer wird am 11. Mai in Czernowitz/Bukowina (Österreich) geboren.
1907–1919	Schulbesuch. Volksschule, Lyzeum Czernowitz und Wien.
1916–1918	Kriegsbedingter Aufenthalt in Wien.
1919	Matura in Czernowitz. Seit 1919 intensive Beschäftigung mit der Philosophie (Platon, Spinoza, Constantin Brunner). Mitglied im Ethischen Seminar in Czernowitz.
1919/1920	Studium der Literatur und der Philosophie an der Universität Czernowitz.
1920	Der Vater stirbt.
1921	Im April Auswanderung in die USA zusammen mit Ignaz Ausländer.
1921/1922	Aufenthalt in Minneapolis/St. Paul und Winona. Hilfsredakteurin bei der Zeitschrift *Westlicher Herold* und Redakteurin der Kalenderanthologie *American Herold* (bis 1927). Hier publiziert sie ihre ersten Gedichte.
1923	Anfang des Jahres Übersiedlung nach New York. Bankangestellte. Am 19. Oktober Heirat mit Ignaz Ausländer.
1926	Erhalt der Staatsbürgerschaft der USA. Gründungsmitglied des Constantin-Brunner-Kreises in New York.
Ende 1926	Reise nach Czernowitz. Trennung von Ignaz Ausländer.
1927	Einmonatiger Besuch bei Constantin Brunner in Berlin.
1928	Pflege der erkrankten Mutter in Czernowitz.

Ende 1928 Rückreise nach New York in Begleitung von Helios Hecht, mit dem sie in den Folgejahren zusammenlebt.

1930 Am 8. Mai Scheidung von Ignaz Ausländer.

1931 Anfang des Jahres Rückkehr nach Czernowitz (Rumänien).

1931–1936 Gedichtpublikationen in Zeitungen, Zeitschriften, Anthologien, journalistische Tätigkeit, Übersetzungen, gibt Englisch-Unterricht.

1934 Aberkennung der amerikanischen Staatsbürgerschaft wegen dreijähriger Abwesenheit aus den USA.

1935 Trennung von Helios Hecht.
In den Folgejahren überwiegender Aufenthalt in Bukarest. Arbeitet in einer Chemiefabrik.

1939 Reisen nach Paris und New York.
Der Regenbogen, Rose Ausländers erste Buchpublikation, erscheint in Czernowitz.

1941–1944 SS-Truppen besetzen Czernowitz. Rose Ausländer wird im Getto der Stadt gefangengesetzt und darf nach Auflösung des Gettos die Stadt nicht verlassen. Zwangsarbeit, Todesnot, Kellerversteck. Sie lernt Paul Celan (Paul Antschel) kennen.

1944 Im Frühjahr besetzen russische Truppen die Bukowina. Die jüdische Bevölkerung wird befreit. Rose Ausländer arbeitet in der Stadtbibliothek von Czernowitz.

1945 Im Dezember Ausreiseantrag nach Rumänien.

1946 Im August Ankunft in Bukarest.
Im September über Marseille Ausreise nach New York.

1947 Die Mutter stirbt in Satu Mare, Rumänien.

1948–1956 Rose Ausländer schreibt ihre Gedichte ausschließlich in englischer Sprache.

1953–1961 Arbeit als Fremdsprachenkorrespondentin bei der Spedition Freedman & Slater, New York.

1957 Von Mai bis November Europareise, zeitweise mit Miriam Grossberg.
Drei Treffen mit Paul Celan.
Reisestationen: Rotterdam, Paris (und Frankreich), Italien, Griechenland, Spanien, Norwegen, Wien (und Österreich), Schweiz, Paris, Amsterdam.

1961 Am 8. Dezember endet krankheitsbedingt die Tätigkeit bei Freedman & Slater.

1963 Im Mai Reise nach Wien, wo der Bruder und dessen Familie aus Rumänien kommend im Flüchtlingslager eingetroffen sind.

1964 Vierwöchiger Aufenthalt in Israel.
Kurze Rückkehr nach New York zur Vorbereitung der endgültigen Übersiedlung nach Wien.

1965 Übersiedlung in die BRD, nach Düsseldorf.
Blinder Sommer, Rose Ausländers erste Buchpublikation seit 1939, erscheint in Wien.

1966 Rente und Entschädigung als Verfolgte des Naziregimes.

bis 1971 Zeit des Reisens in Europa. 1968/69 letztmalig für zwölf Monate in den USA.

1966 Silberner Heine-Taler des Verlages Hoffmann & Campe, Hamburg.

1967 Droste-Preis der Stadt Meersburg.
36 Gerechte

1972 Am 22. Dezember Einzug ins Nelly-Sachs-Haus, das Elternhaus der jüdischen Gemeinde in Düsseldorf.
Inventar

1974 *Ohne Visum*

1975 *Andere Zeichen*

1976 *Gesammelte Gedichte*
Mit diesem Band beginnt die Zusammenarbeit mit dem Literarischen Verlag Braun, Köln.
Noch ist Raum

1977 Ida-Dehmel-Preis der GEDOK
Gryphius-Preis
Letzte öffentliche Lesung anläßlich der Preisverleihung.
Zur Eröffnung der Ausstellung »Rose Ausländer« im Heinrich-Heine-Institut, Düsseldorf, verläßt die Autorin letztmalig das Nelly-Sachs-Haus.
Doppelspiel
Selected Poems (London, erste Auslandsausgabe)

1978–1988 Bettlägerig.

1978 Ehrengabe des BDI.
Aschensommer (erstes Taschenbuch)
Mutterland
Es bleibt noch viel zu sagen

1979 *Ein Stück weiter*

1980 Roswitha-Medaille der Stadt Bad Gandersheim.
Die Zusammenarbeit mit dem S. Fischer Verlag, Frankfurt, beginnt.
Einverständnis

1981 *Mein Atem heißt jetzt*
Im Atemhaus wohnen
Einen Drachen reiten

1982 *Mein Venedig versinkt nicht*
Südlich wartet ein wärmeres Land

1983 *So sicher atmet nur Tod*

1984 Literaturpreis der Bayerischen Akademie der Schönen Künste.
Die Herausgabe der *Gesammelten Werke* (GW) im S. Fischer Verlag beginnt.

Hügel / aus Äther / unwiderruflich (GW Band 3)

Im Aschenregen / die Spur deines Namens (GW Band 4)

Ich höre das Herz / des Oleanders (GW Band 5)

1985 *Die Sichel mäht die / Zeit zu Heu* (GW Band 2)

Die Erde war ein atlasweißes Feld (GW Band 1)

Ich zähl / die Sterne meiner Worte

1986 Literaturpreis der Verbandes der Evangelischen Büchereien für *Mein Atem heißt jetzt*.

Wieder ein Tag / aus Glut und Wind (GW Band 6)

1987 *Ich spiele noch*

Der Traum hat offene Augen

1988 Am 3. Januar stirbt Rose Ausländer in Düsseldorf im Nelly-Sachs-Haus. Sie wird auf dem jüdischen Friedhof im Nordfriedhof in Düsseldorf beerdigt.

Und preise die kühlende / Liebe der Luft (GW Band 7)

1990 *Jeder Tropfen / ein Tag* (GW Band 8)

Mit diesem Band liegt das Gesamtwerk Rose Ausländers vollständig vor.

Quellenverzeichnis

Kurzprosa

Insomnia I; *Happening*
In: *Satzbau*, Droste Verlag, Düsseldorf 1972
Fliegen
In: *Gesammelte Gedichte*, Literarischer Verlag Braun, Köln, 2. Auflage
1977
Fastkuren; *Herzverpflanzung*; *Im Papageiland*
Unveröffentlichte Manuskripte aus dem Nachlaß Rose Ausländers
Alle anderen Kurzprosatexte wurden entnommen aus:
Ohne Visum. Poesie und kleine Prosa, Sassafras-Verlag, Düsseldorf
und Krefeld 1974

Erzählungen

Czernowitz III
Unveröffentlichtes Manuskript aus dem Nachlaß Rose Ausländers
(vor 1964)
Der Fluch II
In: *WDR*, Köln, 27. März 1967
Doppelleben
In: *Düsseldorfer Hefte*, Nr. 22, Triltsch-Verlag, Düsseldorf 1976
Warum?
In: Rose Ausländer, *Hügel / aus Äther / unwiderruflich, Gedichte und
Prosa 1966–1975*, S. Fischer Verlag, Frankfurt am Main 1984
Einmal fing ich ein Gespräch auf
Unveröffentlichtes Manuskript aus dem Nachlaß Rose Ausländers
Mann im Mond
Unveröffentlichtes Manuskript aus dem Nachlaß Rose Ausländers

Essayistische Arbeiten

Phaidros
Wiedergegeben nach der 1. Fassung des Manuskripts, vermutlich
einer Seminararbeit für die Universität Czernowitz (1920); in: *Rose
Ausländer. Materialien zu Leben und Werk*, Fischer Taschenbuch Verlag, Frankfurt am Main 1991

Zum 28. August *1943*
Wiedergegeben nach dem handschriftlichen Originalmanuskript, entstanden zum 6. Todestag Constantin Brunners im Getto von Czernowitz; in: *Rose Ausländer. Materialien zu Leben und Werk*, Fischer Taschenbuch Verlag, Frankfurt am Main 1991

Alles kann Motiv sein
In: *MOTIVE – Warum ich schreibe*, Horst Erdmann Verlag, Tübingen / Basel 1971

Czernowitz, Heine und die Folgen
In: *Geständnisse*, Droste Verlag, Düsseldorf 1972

Notizen zur Situation des alternden Schriftstellers
Wiedergegeben nach dem handschriftlichen Originalmanuskript, enststanden für die Rundfunksendung *Altern als Problem für Schriftsteller*, Südwestfunk Baden-Baden, 29. März 1973; in: *Rose Ausländer. Materialien zu Leben und Werk*, Fischer Taschenbuch Verlag, Frankfurt am Main 1991

Erinnerungen an eine Stadt
Vermutlich 1965 für den WDR geschrieben; in: *Gesammelte Gedichte*, Literarischer Verlag Braun, Köln, 2. Auflage 1977

Journalistische Arbeiten

Gedenkfeier für Elieser Steinberg
In: *Czernowitzer Morgenblatt*, 23. Mai 1928

Etwas über Graphologie
In: *Czernowitzer Morgenblatt*, 24. November 1928

Ehefragen
In: *Sonntagsblatt der New Yorker Volkszeitung*, 6. April 1930

Wilhelm Benignus gestorben
In: *New Yorker Volkszeitung*, 7. Juni 1930

Chamäleon
In: *Der Tag*, Czernowitz, 1. Juni 1932

Kinder-Ferienkolonie Bijenca
In: *Der Tag*, Czernowitz, 10. August 1932

Zur Spinoza-Festschrift
In: *Czernowitzer Morgenblatt*, Czernowitz, 6. Februar 1934

Salomon Wininger – 85 Jahre
In: *Die Stimme*, Tel Aviv, April 1962

»Manifest Alpha«
In: *Der Aufbau*, New York, 22. Juni 1962

Bernard Reder
In: *Die Stimme*, Tel Aviv, Dezember 1962
Nachruf für Alfred Margul-Sperber
In: *ORF*, Wien, Januar 1967

Rede

Dankesrede zur Verleihung des Literaturpreises der Bayerischen Akademie der Schönen Künste (1984)
In: *Rose Ausländer. Materialien zu Leben und Werk*, Fischer Taschen-buch Verlag, Frankfurt am Main 1991

Interviews

Becker-Lennon, Florence: *Enjoyment of Poetry (Rundfunkgespräch)*
In: *WEVD*, New York, 29. November 1959
Gottesmann, Henriette: *Interview mit Rose Ausländer*
In: *Die Stimme*, Tel Aviv, 8/1970
Bauer, Alexander: *Die Poesie hat auch heute Überlebenschancen*
In: *Westfälischer Anzeiger*, Münster, 26. Januar 1977
Wallmann, Jürgen P.: *Unter innerem Zwang schreiben*
In: *Darmstädter Echo*, Darmstadt, 10. April 1981

Inhalt

Bücher für besondere Anlässe

 PFAFFENWEILER LITERATUR
die Reihe, die zeitgenössische
Literatur und moderne Gra-
phik vereint. Ausstattung:
Werkdruckpapier mit Offsetli-
thographien, Büttenumschlag.

PRESSENDRUCKE in limitierten, signierten und
numerierten Erstausgaben. Vorzügliche Ausstattung wie: Bleisatz (Handsatz), alterungsbestän-
diges Büttenpapier, vom Stock gedruckte Gra-
phik, Fadenheftung.

Autoren: Rose Ausländer, Katja Behrens, Hans
Christoph Buch, Hans Georg Bulla, Barbara
Frischmuth, Walter Helmut Fritz, Ralph
Grüneberger, Peter Härtling, Ludwig Harig, Karl
Krolow, Michael Krüger, Friederike Mayröcker,
Lutz Rathenow, Gerold Späth, Karin Struck,
Guntram Vesper, André Weckmann.

Graphiker: Raffael Benazzi, Hans Benesch,
Burkhart Beyerle, Klaus Born, Klaus Büscher,
Karl-Georg Hirsch, Sascha Juritz, Maria Lassnig,
Celestino Piatti, Heinz Treiber, Johannes
Vennekamp, Max Weiler, Veronika Zacharias
u.a.

PFAFFENWEILER PRESSE
Mittlere Straße 23 · D-79292 Pfaffenweiler